LILLIAN TOO

168 façons Feng shui d'organiser votre maison

Sixième édition

GUY TRÉDANIEL ÉDITEUR
19, rue Saint-Séverin
75005 - Paris

Du même auteur, chez le même éditeur :

- Guide illustré du Feng Shui
- Le petit livre du Feng Shui
- Le petit livre du Feng Shui au bureau
- Feng Shui sans peine pour l'amour
- Créez l'abondance avec le Feng Shui
- L'essentiel du Feng Shui
- Le Feng Shui sans peine
- Feng Shui, Les Secrets de la réussite
- Feng Shui pratique, formules pour la réussite
- Feng Shui pratique, symboles porte-bonheur
- Feng Shui de l'étoile volante
- 168 façons Feng Shui d'organiser votre maison
- Bons plans Feng Shui
- Encyclopédie illustrée du Feng Shui

Titre original : Lillian Too's 168 Feng Shui Ways to Declutter Your Home
Publié pour la première fois en Angleterre par Ryland et Peters & Small Limited, sous la marque CICO Books, 20-21 Jockey's Fields, Londres WC1R 4BW.

Design par Jerry Goldie

Traduit de l'anglais par AdR

Pour les crédits photographiques, voir page 159.

ISBN : 978-2-8132-0561-2

Imprimé en Chine

www.editions-tredaniel.com
info@guytredaniel.fr

Sommaire

CHAPITRE TROIS
Purifier le chi négatif

CHAPITRE QUATRE
Purifier le chi négatif qui affecte vos relations

CHAPITRE CINQ
Purification de l'espace psychique et chargement en énergie

CHAPITRE SIX

Libérer le mental et fortifier votre aura

CHAPITRE SEPT

Le pouvoir des symboles mystiques

CHAPITRE HUIT

Accroître l'énergie spirituelle de la maison

Introduction

Les Chinois ont toujours regardé la vie comme une manifestation cyclique de moments yin et yang, considérés dans le contexte des bonnes et des mauvaises périodes.

Les bonnes périodes peuvent devenir mauvaises de la même façon que les phases de dépression se transforment en phases où tout va bien et on voit la vie en rose. Les strates de l'aura qui vous entoure reflètent les périodes heureuses et malheureuses dont vous faites l'expérience. Ces strates sont le miroir de l'énergie qui forme la toile de fond de vos sentiments et émotions. Ils se font aussi l'écho de la qualité de votre esprit, ainsi que de l'énergie de votre environnement.

Les forces yin et yang se déplacent dans l'air cosmique qui vous enveloppe. Leur influence quant à votre bien-être symbolise la trinité de la chance – céleste, terrestre et humaine – affectant tous les êtres humains.

Quoi qu'il arrive, certains aspects de votre vie sont incontrôlables. Il s'agit là de la « chance céleste » – votre destinée. La chance céleste représente un tiers de l'énergie influençant votre bien-être.

Vous contrôlez la « chance terrestre » et la « chance humaine » qui, ensemble, sont assez puissantes pour l'emporter sur toute malchance céleste. La chance terrestre est l'énergie de l'espace où vous vivez ; la chance humaine se manifeste dans la qualité du soi.

Quand vos strates auriques pâlissent ou quand la vigueur de votre espace stagne, vous devez les revitaliser et renouveler l'énergie qui influence votre vie.

Développer la perception énergétique

Lorsqu'on s'accorde au chi qui forme une enveloppe autour de soi, on devient plus sensible aux énergies cosmiques qui affectent le bien-être. Cette sensation, très puissante, favorise le développement de la sensibilité. Elle permet aussi d'énergiser de nouveau le chi stagnant et d'écarter les obstacles gênant son mouvement.

Ce phénomène porte toujours chance, car il fait revenir la vivacité qui accompagne une circulation énergétique intense dans le corps, renouvelant par ailleurs la confiance en soi. Ce genre de modification suscite la guérison des maladies, pose les bases de l'harmonie là où régnait la discorde et remplace la faiblesse par une extraordinaire force nouvelle.

On constate alors la disparition de la malchance et la réapparition de la chance. On se sent plus léger quand on se débarrasse des objets inutiles et met de l'ordre dans son espace. Le mental devient plus clair à mesure qu'on purifie les champs auriques et qu'on débarrasse son espace de l'énergie usée. On se sent plus confiant en réactivant le chi yang vibrant de son corps ainsi que l'espace où on vit. Lorsque ces bonnes sensations s'accroissent, la chance s'améliore. Diverses façons de développer sa perception de l'énergie existent. En principe, on doit s'accorder à la fréquence des autres vibrations. Ce processus favorisera le développement de la sensibilité aux manifestations des diverses énergies et aidera à faire revenir celles-ci dans l'espace environnant. On peut ainsi sentir quand une énergie est pure et puissante, ou polluée et faible, quand elle est complète et optimale ou chagrinée et blessée. L'énergie est une présence invisible immatérielle, pourtant remarquablement puissante.

Quand on s'accorde à son champ aurique, on perçoit les sensations cachées pulsant et palpitant autour de son corps. Ce faisant, on devient plus sensible aux stimuli extérieurs et on comprend mieux comment le champ énergétique affecte une personne. Ces couches d'énergie génèrent un halo englobant tout autour de lui.

On peut également développer une sensibilité à l'air et à l'énergie qui imprègne les espaces de vie et de travail. La méthode est facile. Un simple effort conscient suffit pour percevoir l'énergie de l'air qu'on respire. Il est parfois utile de fermer légèrement les yeux, car on se concentre ainsi plus aisément sur les choses présentes dans l'espace de vie. De plus, on se sert aussi de l'odorat, de l'ouïe, du toucher et du goût. C'est là qu'on réalise à quel point il est facile d'ignorer la multitude de choses autour de soi.

Vivre dans l'instant

Quand on essaie vraiment de vivre dans l'instant – un état de « savoir conscient » – on remarque le fouillis accumulé au fil du temps : les magazines et les journaux empilés dans les coins, les strates de poussière sur les meubles, sous les chaises et sur les tables. Bref, on se rend compte du fouillis enfermé dans les placards et les armoires, des aliments périmés dans le réfrigérateur, des insectes morts aux angles du plafond et de la saleté accumulée sur les murs, les planchers et les plafonds.

Lorsqu'on s'accorde à ses réactions et attitudes spontanées, on devient aussi conscient de ses pensées négatives, de ses préjugés, de la façon déformée dont on voit les relations, de la lourdeur avec laquelle on réagit aux exigences de la vie. On constate alors qu'on s'est laissé tomber dans un terrible état d'ennui, de dépression et d'épuisement.

L'énergie yin a pris le contrôle et domine la vie. On stagne et, si on ne fait rien, la vie finira bientôt par refléter la stérilité et la stagnation du déclin.

Comment la pile de fouillis monte-t-elle ? Comment s'accumule la poussière ? Comment la vie s'empêtre-t-elle dans une énergie négative et bloquée ? Comment se retrouve-t-on pris dans la routine, qui rend apathiques l'esprit et les attitudes ?

Libération physique et spirituelle

Si on ne fait pas un effort conscient pour libérer régulièrement sa vie des déchets mentaux et physiques qui s'accumulent au fil du temps, le moment viendra où la sphère énergétique de la personne sera si faible et usée que le yin imprégnera les couches auriques et gâchera pertinemment la vie.

La santé risque alors d'en pâtir. On se sentira physiquement, mentalement et même spirituellement miné, on s'affaiblira physiquement et on succombera à la maladie. Il est capital de maintenir vibrantes et animées toutes les énergies autour de soi, ce qui créera de nouvelles voies pour la croissance, le développement et l'épanouissement de l'âme.

La plupart des traditions comprennent des techniques de purification et de revitalisation de l'énergie négative. Les méthodes que j'utilise pour alléger et ranimer l'énergie qui m'entoure viennent de ma culture chinoise aux racines taoïstes. Grâce à l'ésotérisme bouddhique, j'ai appris quelques façons vraiment impressionnantes de purifier ce qui est spirituellement négatif. Mes recherches quant à la purification du champ aurique et de l'espace m'ont fait connaître des pratiques venant d'autres traditions spirituelles, qui ont ajouté de nouvelles dimensions et ont enrichi ma façon de revitaliser l'énergie.

Je suis ravie de pouvoir partager avec vous ces techniques très précieuses – certaines très secrètes – qui m'ont été communiquées dans des circonstances des plus inattendues. J'ai testé les 168 façons de revitaliser l'énergie incluses dans ce livre, elles m'ont procuré de merveilleuses expériences.

Les différentes techniques décrites ici signifient plus que de se débarrasser des objets usés et inutiles. Je mentionne aussi des procédures pour transformer l'énergie, pour fortifier les champs énergétiques et charger en énergie les objets. Les méthodes recommandées vont des suggestions simples pour purifier énergie aux visualisations difficiles. Vous y trouverez aussi des conseils sur l'utilisation des cristaux, du sel, des grains de riz, des plantes, de l'encens, des pétales de fleurs, de l'eau parfumée, etc.

Ouvrir les canaux, débloquer l'énergie

La revitalisation de votre vie et de votre maison doit être une activité joyeuse et excitante. Ce genre de travail ouvre les canaux et fluidifie la circulation de l'énergie, si bien que la lumière et le chi imprègnent chaque pore de votre corps et chaque atome d'espace qui vous entoure. La revitalisation de l'énergie provoque toujours une sorte de transcendance dans les niveaux supérieurs de conscience. On aboutit parfois à des états modifiés de perception et à d'autres domaines de réalité, qui seront en harmonie lorsque leurs énergies circuleront librement. En présence d'harmonie, les sentiments et les émotions qui imprègnent l'espace de vie et les gens sont eux aussi en accord. La revitalisation de l'énergie de votre maison implique d'apaiser les forces acerbes qui ont pu être introduites chez vous par des visiteurs ou des meubles anciens, ou qui subsistent depuis longtemps dans les murs, les planchers et les plafonds. L'énergie acerbe peut aussi venir du passé récent des habitants de la maison ou même d'une de vos vies antérieures. Rappelez-vous que votre aura et votre maison sont affectées non seulement par les objets matériels et les formes qui vous entourent, mais aussi par l'énergie fantôme imprégnant le temps et l'espace.

Un autre type énergie émane d'autres créatures qui vivent près de vous. Les arbres et les plantes, l'air même que vous respirez, exsudent l'énergie. La terre émane de l'énergie ; les insectes et les oiseaux la transmettent. Les esprits appartenant à d'autres dimensions peuvent être perçus comme des concentrations d'énergie. Tout cela accroît ou diminue l'énergie globale de votre espace de vie.

La vie entière est énergie, qui vous affecte. Une interconnexion physique et spirituelle existe entre vous et votre maison. Les fléaux spirituels de ce champ énergétique provoquent des ruptures sur le plan physique et vice-versa. Toute revitalisation de l'énergie environnante doit tenir compte de ces phénomènes. Quand vous les avez acceptés, il devient plus facile de mouvoir le chi, de déplacer l'énergie en vous, dans votre maison et dans votre vie, la transformant et la revitalisant. Toutes les énergies vibrantes qui vous entourent et sont en vous tendent à se mélanger, si bien que vous vous chargez de l'énergie de votre maison et que votre maison se charge de votre essence.

1 S'accorder à la force vitale – le chi

Tout le monde peut accroître sa sensibilité à l'énergie qui confère vie à la maison et aux êtres. Cette force de vie impalpable façonne nos émotions, définit nos humeurs, soutient notre force et nourrit notre être. Pur et frais à la naissance, cet esprit se teinte d'expérience au cours de la vie. Certaines de ces nuances élargissent nos horizons, d'autres nous diminuent.

Dans une maison neuve, qui sent la peinture, dont l'énergie est pure, on sait que son esprit est frais. Si la force vitale d'une maison est animée et contrôlée par une énergie yang vibrante, les humeurs des résidants seront positives et heureuses.

Photographie Kirlian des mains, montrant l'énergie aurique du corps, semblable à une empreinte.

On pense que toute créature vivante émet une force vitale (chi). Celle-ci est visible sur une photographie de l'aura, qui montre l'énergie en tant que couleur.

Avec le temps, l'énergie de la maison s'épuise. L'épuisement s'installe quand le chi yin s'accumule et surpasse la vitalité du chi yang. Si l'énergie n'est pas revitalisée, le chi se raréfie, ce qui rend les habitants de la maison faibles et apathiques. Leur vitalité diminue. La chance est entraînée dans une spirale négative, de sorte que la vie devient au mieux ennuyeuse et au pire malheureuse, troublée par de grandes infortunes, des maladies et des accidents. Dans de telles maisons, le bonheur devient de plus en plus rare.

Qu'est-ce qui suscite cet épuisement de l'énergie ?

Le désordre – physique, émotionnel et spirituel – qui assombrit l'espace et le visage en est la première cause. Il attaque tel un monstre invisible, se faufilant en silence dans la maison pour y épuiser l'énergie. Quand on finit par se rendre compte de sa présence, les énergies sont déjà si minées que la motivation de s'en débarrasser a disparu.

L'effet le plus handicapant du désordre concerne la façon dont il circonscrit l'énergie d'un espace. Bien que tout le bric-à-brac ne soit pas mauvais, sa majeure partie l'est.

Tout le monde doit entretenir le chi de la maison, de l'esprit et du corps. On doit éliminer l'énergie usée générée par le fouillis qui s'entasse dans sa maison, son esprit et son cœur. Ce processus de libération revitalisera énormément, balayera l'énergie mauvaise, débarrassera des attitudes obsolètes et laissera entrer une nouvelle énergie.

Le chi, souffle cosmique de l'univers 2

Le souffle cosmique, l'énergie chi, insuffle vie à toutes les choses. Récemment, on a commencé à admettre l'existence de cette puissante force vitale, si bien que les gens considèrent maintenant l'énergie de l'espace et de l'être humain d'un regard nouveau. De nos jours, la plupart des gens ont entendu parler du souffle cosmique. Les traditions anciennes mentionnent la maîtrise de cette énergie cosmique vitale. Sous l'égide du Feng shui, la pratique d'équilibration, de purification et d'harmonisation du chi spatial et temporel des maisons est devenue populaire.

L'énergie chi vitale

D'autres pratiques se consacrent au mouvement du chi : les arts martiaux comme le chi kung et le taï chi, la médecine chinoise traditionnelle, l'acupuncture. Toutes mettent l'accent sur la santé et favorisent la circulation du chi dans le corps, en empêchant le blocage des méridiens énergétiques. Le Feng shui fait appel aux mêmes principes pour influencer le chi des habitations. La circulation régulière du chi yang vibrant dans votre maison est vitale pour le bien-être.

Dès la naissance, tout le monde vit avec le chi. Il n'est pas difficile de s'accorder à lui – il suffit de concentrer son attention sur l'énergie invisible qui est en soi et autour de soi.

Avec le temps, on devient capable de percevoir le mouvement du chi, ainsi que de discerner ses différentes qualités en divers endroits et autour des gens. Chaque personne rayonne un type de chi particulier, mis en évidence par les nuances des couleurs de son aura. Les objets inanimés eux aussi émettent de l'énergie, dont les caractéristiques diffèrent selon leurs emplacement, forme, taille, couleur et provenance.

L'énergie peut être amicale ou hostile, nourrissante ou nuisible, caressante ou étouffante, propre ou sale, yin ou yang. Sa qualité influence le bonheur et la chance. Un chi yang vibrant soutient la vie de votre corps et de votre maison.

Les meubles aux coins arrondis permettent au chi de suivre une trajectoire uniforme (à droite), ce qui crée une atmosphère positive.

3 Devenez conscient des vibrations intérieures

Les sages taoïstes qui ont acquis la maîtrise de leur corps parlent constamment de la force vitale, qu'ils désignent par le terme de souffle spirituel. Tenez le chi pour un souffle.

Avant d'essayer de vous accorder au chi de l'espace qui vous entoure, pratiquez l'exercice chi kung ci-contre pour éveiller votre chi. Le matin, cet exercice revitalise par ailleurs votre chi. Concentrez-vous sur l'inspiration et l'expiration, et observez votre souffle quelques instants. Vous noterez rapidement s'il est profond ou superficiel, aisé ou difficile. Le souffle court est souvent le premier signe d'une affection cachée ou d'un blocage.

La respiration génère des vibrations dans votre corps. Si celles-ci sont rythmiques et régulières, la santé est bonne. Le souffle bloqué ou difficile est susceptible de signaler des problèmes.

Une bonne ambiance s'installe. Quand les vibrations individuelles pulsent en accord avec les vibrations émises par l'énergie de l'espace qui vous entoure, les échanges énergétiques positifs font que les relations sont harmonieuses, les projets avancent, la chance et les bons sentiments prédominent.

S'accorder avec le chi kung

1. Relaxez les bras et les mains en les secouant en douceur, puis répétez avec les pieds et les jambes. Tenez-vous droit, mais relaxé, les pieds écartés de la largeur des épaules. Laissez pendre vos mains sur les côtés, les paumes ouvertes tournées vers le bas comme ci-contre.

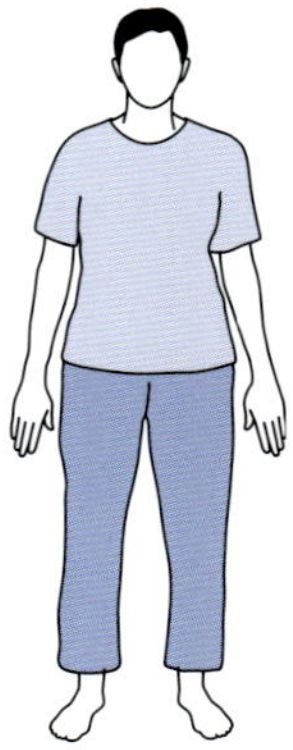

2. Levez doucement les bras au-dessus de la tête, les paumes (toujours ouvertes) tournées vers l'avant. En levant les bras, étirez-les haut et inspirez par le nez. Concentrez-vous sur vos paumes.

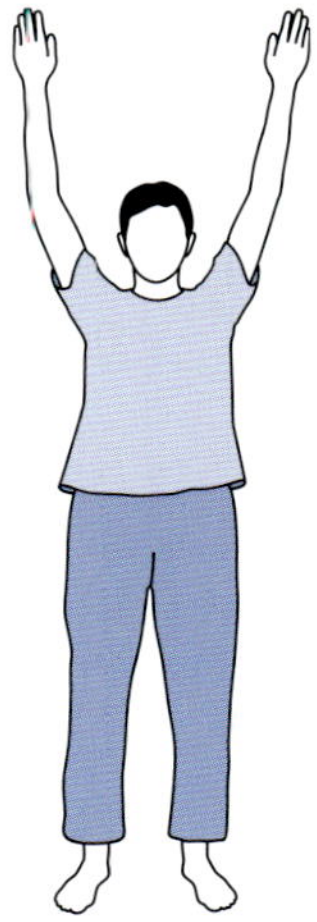

3. Abaissez lentement les mains d'environ 15 cm, de sorte que vos paumes soient tournées vers le bas à 45°. Ce faisant, expirez par la bouche, lentement, éliminant l'air de vos poumons en douceur. Maintenez cette position quelques instants.

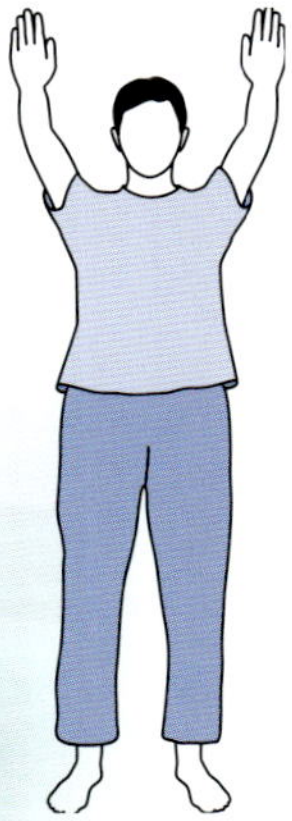

4. Toujours dans la même position, tenez-vous en équilibre sur la pointe des pieds. L'idée est de vous étirer aussi haut que possible, en continuant à respirer régulièrement.

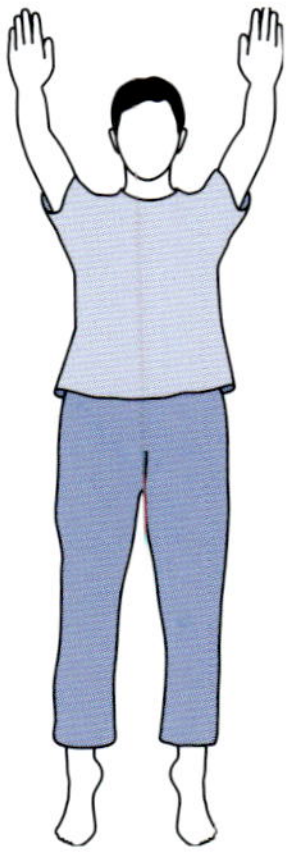

Effectuez cet exercice au minimum sept fois. Vous sentirez une sorte de force dans vos paumes, parfois picotante, d'autres fois pesante. C'est là votre chi.

L'énergie de votre espace 4

Dans de nombreux cas, le manque d'harmonie est dû aux afflictions de l'espace qui vous entoure : mauvais Feng shui, orientations nuisibles, flèches empoisonnées ou simplement une énergie usée et fatiguée, devenue trop yin.

Cette dernière affliction est la plus nuisible. Elle apparaît suite à l'accumulation d'une énergie quotidienne vieillie. Lorsqu'une maison n'est pas correctement entretenue, son énergie se détériore au fil du temps.

Le chi yin est généré par les insectes morts, la peinture écaillée, les journaux et les magazines moites, les plantes fanées et le bric-à-brac. Quand des objets ont été empilés dans les coins, enfermés dans des placards et poussés derrière des rideaux, quand ils n'ont pas été déplacés depuis longtemps, leur immobilité même provoque l'apparition du chi yin. Et quand une maison est sale, la crasse s'accumule jour après jour. Ce genre de déclin énergétique peut s'avérer dangereux.

Les cadeaux gardés pour des raisons sentimentales et les objets indésirables placés n'importe comment, génèrent des poches d'énergie négative, assez fortes pour l'emporter sur les sources d'énergie positive. L'énergie de la maison sera affectée, et il faudra la purifier.

Le chi et la santé physique

Débarrasser votre maison du bric-à-brac est une action facile et revitalisante. De plus, vous vous sentirez mieux ensuite. Éliminer le fouillis et charger en énergie vos espaces de vie et de travail a un effet en même temps thérapeutique et bénéfique. Personnellement, je le fais tout le temps, car j'ai constaté la différence pour le bien-être de ma famille.

Les maisons ont besoin d'une réorganisation constante et d'un rangement efficace pour éviter que le fouillis s'accumule et favoriser un environnement équilibré et harmonieux.

Je vis dans une maison qui, au fil du temps, est devenue de plus en plus grande. L'espace où s'accumulent les affaires de mon mari, de ma fille et les miennes s'est aussi accru et, si je ne contrecarre pas constamment cette tendance, l'énergie de ma maison sera sûrement bloquée.

Nettoyer la maison et réarranger les meubles et mes objets décoratifs n'est jamais une corvée pour moi. J'aime que le chi de ma maison circule sans heurts – cela crée une bonne ambiance, à laquelle je me suis habituée.

5 Percevez l'énergie des autres dimensions

Avant de nous plonger dans la tache pratique du rangement, il faut admettre l'idée que dans notre maison vivent aussi des êtres appartenant à d'autres dimensions. Parfois, l'énergie qu'ils émanent passe dans notre dimension – les esprits et d'autres êtres errants font sentir leur présence dans l'espace où nous vivons. Tous les gens ne les perçoivent pas. Quoi qu'il en soit, ils ne sont pas hostiles. Ils ne font aucun mal si on ne les provoque pas. Respectez-les cependant.

Parfois, une maison inhabitée laissera une impression sinistre : indication certaine de la présence d'une énergie yin. Ce type de chi est émis par les esprits – les cimetières sont des endroits yin, qui font se dresser les cheveux sur la tête et donnent la chair de poule.

La lumière transforme l'énergie yin en yang. Elle est efficace dans les maisons anciennes, susceptibles d'avoir gardé une énergie yin résiduelle de leurs occupants précédents. Si vous ne bénéficiez pas de lumière naturelle, utilisez des spots et des lampes à halogène pour stimuler le chi yang.

Comment le yang remédie à l'énergie yin mortelle

La meilleure façon de gérer ce genre d'énergie est de la neutraliser par des doses massives d'énergie yang : bruits forts, lumières vives, beaucoup d'air frais et de soleil. Ainsi, avec la simple ouverture des fenêtres et des portes pour laisser entrer le soleil vous vous sentirez immédiatement mieux. C'est un peu comme élaguer des broussailles épaisses pour laisser le soleil arriver aux plantes enveloppées par le yin.

Un bain avec des sels minéraux élimine le chi yin qui traîne. Utilisez du sel gemme et de l'eau salée pour nettoyer les cristaux (voir Astuces 80, 104).

Si vous sentez une présence étrange en visitant des bâtiments anciens, assurez-vous qu'aucun chi yin ne s'accroche à votre corps ou à vos vêtements. En partant, secouez vigoureusement vos mains et visualisez tout le chi yin disparaître. Revenu chez vous, prenez un bain avec du sel de mer, éliminant ainsi tout vestige de chi yin. Facile !

Les maisons peuvent par ailleurs être « envahies » par une présence yin originaire d'une dimension différente – pour une foule de raisons. Des méthodes spéciales existent pour gérer ce genre de situation – quelques-unes sont expliquées dans la section traitant de la purification de l'espace avec des symboles, des mantras psalmodiés, des bols, des clochettes, les cinq éléments, de l'encens et du sel (voir Chapitres 3 et 4).

Inspirez l'énergie matinale 6

L'un des plus puissants rituels de purification est l'absorption du chi frais du matin. L'inspiration de l'énergie matinale est une excellente préparation à ce que vous ferez dans la journée en vue de purifier et de nettoyer votre maison.

Pour inspirer l'énergie matinale, tenez-vous à l'extérieur de la maison, où vous pouvez voir le ciel et sentir la brise. Si vous vivez en appartement, tenez-vous devant une fenêtre ouverte ou sur le balcon. Pour extraire le chi du soleil levant, pour le bain matinal d'énergie fraîche, il vaut mieux être dehors. Regardez vers le côté oriental du jardin ou tenez-vous dans un coin tranquille faisant face à l'est.

Si vous pratiquez le yoga, vous connaissez le Salut au soleil. C'est un exercice qui accroîtra votre provision de chi matinal. Sinon, essayez cet exercice chi kung, assez similaire.

Effectuez-le sept fois et percevez le chi matinal vous enveloppant d'une douce lumière dorée. L'heure du dragon, entre 7 et 9 heures du matin, est le meilleur moment pour le pratiquer. Cette heure est appropriée pour tout le monde. Vous pouvez choisir une autre heure qui vous convienne, selon votre signe animal chinois (voir Astuce 7).

Souvenez-vous qu'en balayant la poussière et en nettoyant la saleté, vous éliminez l'énergie négative yin. C'est donc une excellente idée de fortifier chaque matin votre chi personnel par un bain d'énergie yang pure.

Tonifiez votre chi

1. Relaxez votre corps et écartez les pieds de la largeur des épaules, comme ci-dessus.
2. Serrez fortement les mains, les index dirigés vers le haut.
3. Les doigts ainsi serrés, étirez les mains vers le haut, au-dessus de votre tête. En levant les mains, inspirez par le nez.
4. Sentez s'ouvrir votre poitrine quand elle s'emplit d'air. Tourné vers l'est, vous sentez le soleil matinal vous baigner de son doux éclat.
5. Penchez-vous en avant, laissant vos mains jointes tomber entre vos jambes. Expirez par la bouche. Relaxez-vous dans l'étirement.

7 Un bain de soleil pour l'énergie yang

Quand vous prenez un bain de soleil pour recharger votre essence yang, choisissez un jour clair et lumineux. S'il pleut, s'il neige, s'il fait gris, le jour n'est pas approprié. Bien que le meilleur moment pour ce rituel soit l'heure du Dragon (7 à 9 h), vous pouvez aussi choisir l'heure du Serpent (9 à 11 h) pour absorber le soleil matinal. Si vous avez envie d'un soleil plus intense, préférez l'heure du Cheval (11 à 13 h) ou même l'heure de la Chèvre (13 à 15 h), quand la lumière du soleil est plus forte. Choisissez de préférence l'heure qui s'harmonise avec votre signe animal chinois.

Comment prendre un bain de soleil

Pour prendre un bain de soleil le matin, tenez-vous environ trois minutes dans votre jardin ou sur votre balcon, et absorbez la lumière. Plus tard dans la journée, il ne faut pas rester directement au soleil, mais choisir un coin du jardin ou du balcon où la lumière est diffuse. Relaxez votre visage, mais n'oubliez pas ce qui vous entoure. Le moment est excellent pour s'accorder aux signaux de la nature (voir Astuces 8 et 9).

Les maîtres taoïstes capables de lire les signes de la nature emploient souvent le moment de leur bain de soleil pour examiner à ce qui les entoure. Par exemple, si vous voyez des oiseaux s'envoler, jouer ou chanter, c'est le signe qu'une nouvelle occasion ou de bonnes nouvelles se frayent un chemin vers vous. Le jour sera aussi parfait pour nettoyer la maison et pratiquer les rituels de purification pour améliorer l'énergie de votre maison. Bien des matins j'ai vu des oiseaux à queue jaune bâtir un nid dans mon jardin – ces jours-là m'ont toujours offert de nouvelles perspectives.

Vous aussi vous pouvez développer votre sensibilité aux signaux de la nature. Si vous vous accordez à eux assez souvent, vous deviendrez rapidement capable de remarquer si la nature vous envoie un message spécial.

Les animaux du zodiaque et le temps

Les natifs des années du Dragon, du Singe et du Rat tireront profit d'un bain de soleil durant l'heure du Dragon (7 à 9 h).

Les personnes nées dans les années du Serpent, du Coq et du Buffle tireront profit d'un bain de soleil quand l'astre est plus brillant, à l'heure du Serpent (9 à 11 h).

Les personnes nées dans les années du Cheval, du Chien et du Tigre tireront profit d'un bain de soleil quand l'astre est haut dans le ciel, à l'heure du Cheval (11 à 13 h).

Les personnes nées dans les années du Mouton, du Cochon et du Lièvre tireront profit d'un bain de soleil dans l'après-midi, à l'heure de la Chèvre (13 à 15 h).

Des signes dans votre jardin 8

Les oiseaux ne sont qu'une des « dix mille choses » grâce auxquelles la nature communique avec nous, mais ils occupent une place de choix. L'apparition des oiseaux est toujours de bon augure, elle annonce de nouveaux commencements et protège du danger. Lorsqu'un oiseau particulièrement coloré ou dont le chant est très musical se pose dans votre jardin, il annonce un événement positif sur le point de se produire. Dans le Feng shui taoïste, les oiseaux jaunes prédisent des occasions heureuses : mariage, naissance ou promotion.

Si vous avez du mal à vendre votre maison, dessinez un oiseau s'envolant de chez vous avec, dans son bec, un morceau de papier sur lequel est inscrite votre adresse. Accrochez le dessin près de la porte d'entrée. Il vous amènera assez vite un acheteur. Pour la bonne mesure, écrivez aussi la somme désirée.

Fleurs, feuilles et fruits

Quand vous prenez un bain de soleil dans le jardin, le matin de bonne heure, faites attention aux signes de la nature. Si vous apercevez une belle fleur en train de s'ouvrir, un projet se concrétisera. La floraison des fleurs rouges indique l'amour, celui des fleurs jaunes la richesse, celui des fleurs blanches une nouvelle amitié notable.

Les feuilles tombant des arbres rappellent que le moment d'un grand nettoyage est arrivé, qu'il y a beaucoup de choses à jeter pour laisser place à une nouvelle croissance. La même interprétation est valable pour une plante, par ailleurs saine, dont les feuilles ont jauni. L'automne est ainsi un bon moment pour débarrasser votre maison du bric-à-brac, avant l'arrivée de l'hiver. Lorsque les arbres portent des fruits sur leur côté gauche (en regardant depuis la maison), un triomphe s'annonce pour le patriarche ou l'époux. Les fruits sur le côté droit d'un arbre signalent que l'épouse aura de la chance. Les fourmis se dirigeant vers la maison sont toujours un bon signe. Les noires sont meilleures que les rouges. Les grenouilles sautant dans la maison sont très propices, comme une tortue se frayant un chemin dans votre jardin. En fait, toute créature vivante qui vous rend visite est de bon augure.

Les feuilles en bourgeon ou les fleurs en bouton symbolisent la naissance et les commencements.

Oiseaux pour protection pendant les voyages

L'image d'un oiseau jaune accrochée sur le pare-chocs arrière ou la vitre arrière de votre voiture protège les voyageurs d'accidents. Trois plumes blanches placées dans la boîte à gants ont le même effet.

9 Lisez les signes envoyés par les vents

Les vents poussent vers nous les signes du cosmos. D'habitude, ceux-ci font apparaître le trigramme Sun (vent) – la douce brise apporte de bonnes nouvelles. Quand vous sortez dans le jardin ou sur le balcon et portez votre regard sur l'horizon lointain, prenez quelques minutes pour humer l'air matinal et sentir la brise. Regardez les nuages et la couleur du ciel. Les maîtres taoïstes affirment que la présence de quelques nuages est toujours un bon signe. Essayez d'apercevoir des images propices dans les nuages.

S'il n'y a pas de brise, la journée ne convient pas au rangement. De même quand le vent souffle trop fort, car l'argent ne pourra pas s'accumuler. Par contre, c'est le moment de se débarrasser des documents, dossiers et papiers périmés, ainsi qu'un avertissement général. Si vous agissez en suivant ce genre de messages des vents, vous découvrirez immanquablement une chose perdue, importante pour vos proches ou pour vous : par exemple, une information oubliée, enfouie sous la pile de papiers accumulés sur votre bureau depuis des mois. Faites attention aux signes que vous envoie le vent.

Les orages en tant que porte-bonheur

Les signes du vent apparaissent aussi sous la forme d'orages assez spectaculaires, accompagnés de tonnerre et éclairs. Je me souviens du mariage de ma fille en avril 2002. À 15h30, durant l'heure du Singe, un orage a éclaté sur Kuala Lumpur, un étalage impressionnant du pouvoir du vent et de l'eau, qui aurait pu se transformer en ouragan.

Toutefois, vers 17 h, l'orage s'est apaisé, laissant derrière lui un ciel d'un bleu paradisiaque et un soleil éclatant, lavé par la pluie. J'ai vu là un merveilleux signe. La pluie était du nectar tombant du ciel, tandis que le tonnerre et les éclairs étaient des applaudissements approbateurs. Par contre, si l'orage avait éclaté plus tard, ou s'il ne s'était pas calmé, les signes auraient été néfastes. Ce genre de signe apparaît généralement durant l'heure du Singe (15 à 17 h) avant la célébration d'un mariage ou d'une naissance. Après l'orage, la cérémonie du mariage s'est déroulée sans anicroches.

Je peux donner bon nombre d'exemples de ce genre. J'apprécie les signes du cosmos à leur juste valeur. J'ai aussi découvert qu'en utilisant le Feng shui et en travaillant avec l'énergie, il est utile de tenir compte des aspects et des phénomènes ésotériques en rapport, ainsi que d'aborder les choses avec un esprit ouvert.

Le chi yang pur des enfants 10

Si vous voulez connaître sans délai l'énergie de votre maison et de ses pièces, sans vouloir faire appel à un maître de Feng shui aux honoraires élevés, faites-vous accompagner sur le site à analyser par un jeune garçon de moins de 9 ans. Plus l'enfant est jeune, plus les indices qu'il verra seront justes. Vous avez besoin d'une énergie yang pure, que les jeunes garçons dragon possèdent en abondance. (Les filles sont moins efficaces pour cette pratique, car elles sont autant yin que yang.)

Quand les enfants dessinent des images heureuses dans une maison, les habitants de celle-ci seront prospères.

Les garçons et l'énergie yang

Les garçons sont tenus pour être très sensibles à la qualité du chi des maisons : faites entrer un enfant yang chez vous et observez-le. S'il pleure ou s'il est agité, la maison a besoin d'être purifiée, car des poches d'énergie yin hostile le mettent mal à l'aise.

Si on peut calmer l'enfant avec des sucreries et caresses, c'est un bon signe, qui suggère que le problème n'est pas grave. Mais s'il insiste à vouloir sortir ou s'il continue à pleurer, son comportement indique la présence d'une énergie négative.

Cette méthode simple d'évaluation du Feng shui d'une maison est très populaire parmi les Chinois. Ceux-ci amènent souvent avec eux un petit garçon lorsqu'ils visitent des maisons ou des magasins à louer. À Hong Kong, par exemple, avant de signer un bail, les hommes d'affaires observent assez souvent le comportement de jeunes enfants dans les nouveaux locaux. Si l'enfant demande à utiliser les toilettes, c'est un signe de perte financière, et donc de mauvais augure.

Si l'enfant semble heureux, s'il sourit beaucoup et fredonne à voix basse ou, encore mieux, s'il dessine des maisons, des voitures et des objets propices ou sort un jouet, c'est le signe certain que la prospérité s'accroîtra dans ces lieux. S'il sort de sa poche quelque chose à manger, le signe est faste. S'il sort un élément d'un jeu de construction ou du papier pour des origami, le signe est bon. S'il sort un jouet électronique, le signe est bon, mais pas aussi propice que s'il façonnait quelque chose. L'observation du comportement des garçons révèle beaucoup sur la qualité énergétique d'un endroit.

II Le chi du temps et de l'espace

Le chi de l'environnement peut être partagé en chi spatial ou chi temporel.

Qu'est-ce que le chi spatial ?

Le chi spatial est créé par la forme, la taille et la densité d'un objet, ainsi que par sa position dans un espace donné. Il est étudié par l'École Feng shui de la forme, qui étudie par ailleurs les significations symboliques des objets décoratifs, des plantes et des animaux. Ainsi, selon les concepts spatiaux du Feng shui, le chi, les meubles et les objets d'un espace donné seront bons ou mauvais, hostiles ou amicaux.

Qu'est-ce que le chi temporel ?

Impalpable et plus difficile à imaginer que le chi spatial, le chi temporel est basé sur un concept par définition invisible et sans forme. La qualité de ce chi n'est affectée que par le passage du temps. Ce chi est exprimé et défini en termes d'orientations (relevées avec une boussole). Le chi temporel affecte un espace donné en fonction du moment précis où on étudie celui-ci.

Si la revitalisation de votre maison implique des travaux, vérifiez qu'aucune énergie négative n'est perturbée et activée dans le processus.

L'étude de l'énergie spatiale seule est incomplète, car le chi des parties spécifiques d'une maison peut s'avérer hostile simplement en raison de la date et de l'heure où il est analysé. Quand le chi d'une pièce est hostile, on doit éviter le grand nettoyage de printemps et ne pas perturber les lieux. Durant une année particulière, ne dérangez pas les pièces où les coins affligés.

Des calculs basés sur le calendrier solaire chinois indiquent le moment où les diverses parties de la maison ne doivent pas être perturbées. Plus important, durant cette année-là on ne doit pas non plus rénover des pièces ou des secteurs affectés de la maison. Les coups de marteau, les trous et le bruit en général traumatisent tellement l'énergie chi, qu'une malchance grave risque de se manifester.

C'est là le Feng shui de l'Étoile volante. Récemment, cette pratique a connu un grand essor en raison de sa puissance et de la rapidité de ses effets.

En ce qui nous concerne, il est suffisant d'apprendre comment observer le changement annuel de l'énergie, pour ne pas perturber par inadvertance l'espace et déclencher la malchance.

Les trois tabous du chi temporel 12

Débarrasser les zones affligées de la maison risque plutôt de générer le malheur que de nouvelles occasions.

On connaît trois fléaux annuels de l'Étoile volante, dont il faut vérifier la position tous les ans avant de procéder à des transformations importantes de la maison. Vous aurez ainsi la certitude de ne pas faire empirer par inadvertance le chi, en tentant d'améliorer sa qualité. Apprenez aussi les contre-mesures à prendre pour dissiper ces trois fléaux, surtout s'ils affectent le chi d'une chambre à coucher ou frappent la porte principale de la maison. La conscience de ces trois fléaux annuels ajoute la dimension vitale du temps à tout ce que vous faites pour fortifier et revitaliser votre espace de vie.

Chaque fléau occupe un angle et une direction différente de l'espace. Le Grand Duc Jupiter couvre seulement 15 degrés, le Cinq Jaune, 45 degrés et les Trois massacres, 90 degrés. Pour vaincre ces fléaux, utilisez des antidotes basés sur leur position annuelle.

Quand ne pas perturber l'espace

Les principales choses à retenir sont les tabous associés à la position des fléaux. Respectez soigneusement les interdictions valables aux endroits occupés par ces trois afflictions, pour ne pas susciter la maladie, des malheurs ou des difficultés pour votre famille et vous-même.

Si on perturbe les endroits occupés par les fléaux en les rangeant et en les revitalisant, des mésaventures risquent de se produire. Si la place occupée par le Grand Duc est dérangée par un nettoyage excessif, l'échec sera au rendez-vous cette année-là. Le Cinq Jaune apporte pertes financières et maladie, les Trois Massacres trois types de malchance associés aux relations. La connaissance de ces fléaux temporels est très utile.

Degrés d'affliction

Les trois principaux fléaux de chaque année sont :

- le Grand Duc Jupiter
- le Cinq Jaune
- les Trois Massacres.

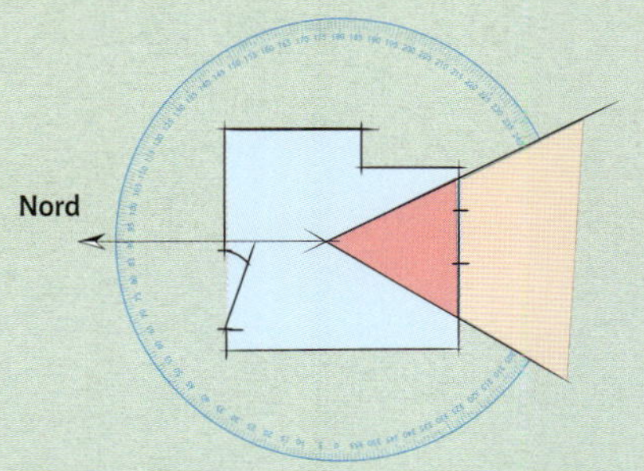

En 2004, le Cinq Jaune couvre 45 degrés et la zone sud d'une pièce ou de la maison. Ce secteur ne doit pas être perturbé du début jusqu'à la fin de 2004.

13 Le chi du Cinq Jaune annuel

Le Cinq Jaune est le plus mortel des trois fléaux annuels, particulièrement au cours des années où il se trouve dans les secteurs terre et feu de la maison (en 1999, il se trouvait au sud, secteur feu ; en 2001, il se trouvait au sud-ouest, secteur terre). Le Cinq Jaune, fléau ayant pour élément la terre, est fortifié dans ces deux secteurs, ce qui le rend plus dangereux. Le Cinq Jaune ne doit pas être perturbé ou activé, car dans ce cas il apporte une grave maladie, pertes financières et obstacles à la réussite.

Le feu et le Cinq Jaune

Le Cinq Jaune est le plus dangereux lorsqu'il est fortifié par l'énergie feu. Les rituels de revitalisation du chi avec des lumières et de l'encens s'avèrent risqués s'ils sont effectués dans une partie de la maison occupée par le Cinq Jaune, car le chi négatif de celui-ci en sera accru. Si la porte principale ou la chambre à coucher principale se trouve dans ce même espace, les mauvais effets seront dramatiques. En 2003, le Cinq Jaune occupe le sud-est, dont l'élément est bois : cette partie de la maison ne doit pas être perturbée ou activée avec de l'énergie feu pendant ce laps de temps. N'y effectuez pas non plus des rénovations. Pas de trous, de sciage, de polissage du bois, aucun bruit excessif. Ces précautions doivent être observées chaque année dans le secteur occupé par le Cinq Jaune. Dans le cas contraire, vous activerez ses énergies. S'il vous faut absolument ranger votre maison cette année-là, si vous devez installer des étagères ou placer de nouveaux meubles dans un secteur affligé, assurez-vous de ne pas débuter ce genre d'activité par le secteur où réside le Cinq Jaune.

Les bougies représentent l'énergie feu, qui alimente le Cinq Jaune.

Le Cinq jaune

Voici la position du Cinq Jaune pour les dix années à venir. C'est un cycle complet, qui repart ensuite de nouveau.

Année	Position du Cinq Jaune dans la maison
2003	Sud-est
2004	Centre
2005	Nord-ouest
2006	Ouest
2007	Nord-est
2008	Sud
2009	Nord
2010	Sud-ouest
2011	Est
2012	Sud-est

L'énergie feu inclut l'encens, qui alimente le fléau du Cinq Jaune. Assurez-vous que le feu et le Cinq Jaune n'occupent pas le même secteur de votre maison.

Le chi du Grand Duc et des Trois massacres 14

Le Grand Duc Jupiter (*tai tsui*) est un fléau annuel couvrant 15 degrés de la boussole, correspondant à la direction du signe animal de l'année concernée. En 2002, il occupait le sud, la direction du Cheval. En 2003, il est dans la direction de la Chèvre, en 2004, dans celle du Singe. Le diagramme ci-contre montre les directions du Grand Duc au cours d'un cycle de douze ans.

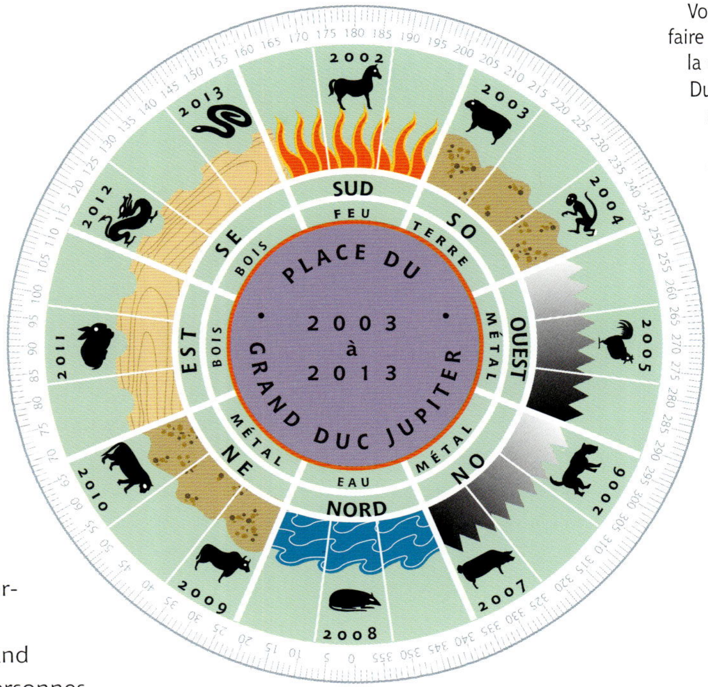

Vous ne devez jamais faire directement face à la direction du Grand Duc. En 2004, il sera dangereux de vous asseoir face à la direction du Singe, le sud-ouest.

Les personnes nées dans l'année dont le signe animal est directement opposé à celui gouvernant de l'année analysée sont censées être en conflit avec le Grand Duc. En 2002, ce fut le cas des personnes nées dans l'année du Rat (le Rat est opposé au Cheval). L'astrologie chinoise considère que les individus nés dans une année dont le signe animal est opposé à celui gouvernant une année donnée connaîtront un mauvais passage. En 2003, le Grand Duc se trouve dans la direction de la Chèvre, le sud/sud-ouest, et a le Buffle pour opposé. Les personnes nées dans l'année du Buffle connaîtront donc des moments difficiles en 2003. Les tabous qui s'appliquent à la direction du Grand Duc sont similaires à ceux du Cinq Jaune.

Le fléau des Trois Massacres (*sarm saat)* affecte une grande partie de la maison, car il couvre 90 degrés (il s'étend aux directions cardinales, jamais à celles secondaires). Quand vous effectuez des travaux de réparations et de rénovations, évitez le secteur occupé par ce fléau.

Remèdes pour les Trois Massacres

Dans les années du Buffle, du Coq et du Serpent, le fléau des Trois Massacres se trouve à l'est. Placez une lumière vive placée ou un carillon éolien en métal dans la pièce qu'il occupe.

Durant les années du Cochon, du Lièvre et de la Chèvre on trouve ce fléau à l'ouest. Placez une lumière vive ou un récipient d'eau dans la partie ouest de la maison ou de la pièce.

Durant les années du Singe, du Rat et du Dragon, le fléau des Trois Massacres occupe le sud. Disposez là des cristaux ou un bol d'eau.

Durant les années du Chien, du Cheval et du Tigre, ce fléau réside au nord. Placer une plante dans la pièce, ou faites appel à l'énergie terre d'un cristal.

15 Évaluez le chi yin et yang

Êtes-vous jamais entré chez quelqu'un et avez-vous senti que l'atmosphère était déséquilibrée, perturbée ou manquait d'harmonie ? Si vous êtes sensible à l'énergie, vous serez mal à l'aise, comme si vous étouffiez. Parfois, l'énergie insolite se manifeste par un terrible mal de tête. Ces faits signalent que le chi de la maison ou du bâtiment que vous visitez est en conflit avec votre chi, ou que l'énergie de ces lieux est tellement yin qu'elle perturbe votre équilibre.

Faites attention aux pièces yin comme la chambre à coucher et la salle de bains. Ce sont des espaces tranquilles, qui ont quand même besoin de vitalité.

Le chi yang soutient. Lorsqu'on rencontre des espaces trop yin, on réagit. Ces réactions se manifestent plus vite chez les gens dont la sensibilité à l'énergie est plus intense ou qui travaillent souvent avec elle.

Généralement, le chi yin est perçu comme une énergie triste, hostile, négative. Le yin est immobile, calme, paisible, froid, lourd, sombre, pareil à la mort. Ce n'est pas que le chi yin soit intrinsèquement mauvais, mais dans les demeures yang des vivants, l'énergie négative yin est indésirable.

Qu'est-ce que le chi de chagrin ?
Quand on se concentre sur le chi d'une maison, on perçoit les vibrations qui la dominent. Si ses occupants sont tristes, un sentiment de mélancolie envahissante est perceptible. Parfois, l'air est si chargé de découragement qu'on se sent soi-même abattu. Les maisons tristes contiennent un chi de maladie et de chagrin qui tend à miner l'esprit yang. De telles demeures génèrent la dépression, l'impuissance et la résignation. Elles ont désespérément besoin de chi yang.

On peut aussi percevoir la présence du chi tueur, hostilité qui émane des murs et des plafonds. La présence de couteaux et de flèches invisibles engendre des sensations désagréables. C'est un type de chi très nuisible et dangereux. Il peut faire tomber sur les occupants de la maison la maladie, les pertes et les accidents.

Les maisons dont l'énergie chi est négative minent la vitalité spirituelle de leurs occupants. De tels endroits sont caractérisés par un fort sentiment d'apathie. Ce genre de maison a vraiment besoin de recevoir une énergie fraîche et profiter d'un chi vivace.

Percevez l'atmosphère d'une maison individuelle 16

La plupart des maisons contiennent un peu de chi négatif, accumulé au fil du temps. La colère, les querelles, la maladie, le stress, les déceptions et l'épuisement génèrent une énergie qui colle aux murs, aux planchers et aux plafonds. Le chi lourd de ces émotions négatives est absorbé par l'espace de vie. Je conseille toujours d'ouvrir quelques minutes les portes et les fenêtres, au moins une fois par jour, pour faire entrer la puissante énergie yang des vents, de l'eau et du soleil, si abondante à l'extérieur.

Les maisons renferment un mélange d'énergies dont les effets sont divers. En vous accordant au chi des lieux, une partie de cet amalgame d'énergies sera libérée et vous percevrez sa présence. En apprenant à distinguer votre chi individuel de celui de l'espace, en assimilant le concept d'énergie spatiale et temporelle, vous serez prêt à ouvrir votre conscience aux divers types d'énergie existante. Vous pourrez alors analyser le chi de votre maison.

Beaucoup de maisons renferment tellement d'amour et de rire que leur chi heureux déborde. Sentez-le vous envelopper, vous baigner de sa douce chaleur. C'est là notre but – créer un sentiment chaud, tendre, frais exempt de toute négativité.

L'esprit de la maison 17

L'esprit de la maison s'anime en présence du bonheur. C'est le but du Feng shui : créer un équilibre constant qui aide les habitants d'une maison à se sentir forts, confiants et satisfaits.

Les couleurs, la musique, les enfants, les lumières, l'eau, les sons sont de fournisseurs puissants d'énergie yang. Ils stimulent l'accumulation du chi yang qui remplit la maison de vie.

Les personnes astucieuses se servent de ces « outils », faisant baigner leur maison de couleurs vives, de beaucoup de lumière et de sons agréables. Les rideaux sont toujours propres, tout comme le dessus de tables, libres du bric-à-brac accumulé au fil des mois et des années. Un peu de désordre quotidien est normal, car ce sont des pièces où l'on vit, mais il n'y a pas de fouillis, aucune pile de journaux, d'assiettes ou de tasses.

Les plantes émettent de l'énergie yang, qui crée une atmosphère saine et vivifiante.

Dans une maison saine, l'énergie est chaude, en constant mouvement. Peu de stagnation est présente. Ce genre de maison est doté d'un esprit d'abondance, qu'elle encourage.

18 Saisissez l'énergie, communiquez avec les murs

Comment peut-on percevoir l'énergie ? En principe, en étant à son écoute. Quand les gens me parlent de séries d'événements graves qui leur sont arrivés, je pars de l'idée que l'énergie de leur maison connaît des problèmes. Lorsque je leur rends visite, j'essaie de communiquer avec leur maison.

Je commence toujours par cinq minutes de méditation, pour calmer mon esprit et favoriser ma concentration. Je me concentre d'abord sur l'énergie de la maison, à partir de son centre, où est situé son vortex énergétique. Puis je parcours les pièces dans le sens des aiguilles d'une montre, aussi près des murs que possible, m'attardant dans les coins. Je tente de percevoir les empreintes des énergies positive et négative – pour découvrir où elles se sont accumulées et déterminer si les pièces sont calmes (yin) ou animées (yang). Je sais ainsi immédiatement sur quelles parties de la maison il faut travailler. En parcourant chaque pièce, je respire régulièrement et me concentre sur mes paumes. À chaque fois que je perçois une résistance, je sais qu'une mauvaise énergie est cachée aux alentours.

Écouter l'énergie

Je place mes paumes et mon oreille contre le mur le plus proche de la porte conduisant dans la pièce. Je fais ensuite le tour de la pièce, mes paumes traçant des cercles invisibles sur le mur à mesure de mon avancée. En écoutant attentivement, en fermant légèrement les yeux pour me concentrer, je commence rapidement à percevoir le picotement du chi qui passe du mur à mes paumes. C'est là que je trouve comment changer le chi de la pièce et faire disparaître les effets qui affligent la maisonnée.

Parcourir dans le sens des aiguilles d'une montre une pièce, en longeant les murs, aide à s'accorder à l'énergie présente.

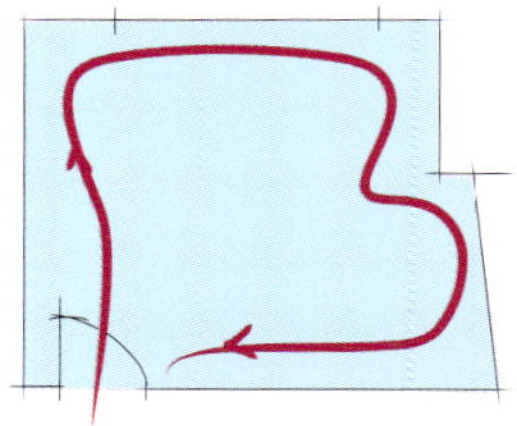

Maintenez un courant d'énergie régulier 19

L'énergie chargée de vitalité circule sans heurts – elle est douce, sinueuse, décontractée. C'est une énergie totalement exempte de tension, un genre d'énergie qu'on s'efforce de créer chez soi.

Identifiez les points sociaux névralgiques d'une pièce où les gens tendent à se réunir, puis essayez d'enrichir les coins plus calmes, moins populaires, pour accroître l'énergie globale.

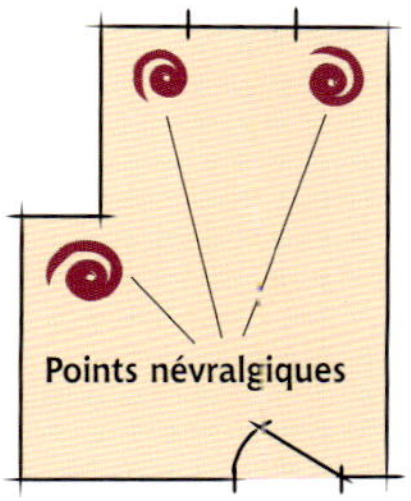

Pour y parvenir, les praticiens du Feng shui s'assurent d'abord que l'agencement de la maison permet la libre circulation de l'énergie. La façon dont les pièces sont meublées libère l'énergie ou la bloque. L'énergie ne doit pas stagner. Une énergie qui ne bouge pas est affectée ; celle qui circule trop vite devient hostile et destructrice. L'énergie qui circule naturellement, ni trop vite ni trop lentement, est positive, amicale, et en outre apporte la chance.

Tracer les réussites et les échecs

L'état de l'énergie de votre maison s'exprime dans les événements qui se produisent dans votre vie. L'énergie circulant régulièrement apporte une réussite facile à tous vos plans et projets. L'énergie bloquée engendre des obstacles qui vous ralentissent, tandis que l'énergie stagnante suscite la maladie. L'échec est lui aussi un résultat direct du blocage énergétique.

Apprenez à observer la circulation de l'énergie dans votre maison. On peut s'en faire une idée en observant le degré d'utilisation de chaque pièce. Notez où la plupart des résidants tendent à aller. Identifiez les pièces peu utilisées. Les membres de la famille tendent à se réunir là où s'accumule une énergie saine. On pourrait penser que la salle à manger très fréquentée, mais si son énergie est mauvaise, la famille préférera manger dehors.

Ce procédé est une excellente façon de développer sa sensibilité à l'énergie de la maison.

Première étape, attirez la famille au centre de la maison. Si le séjour ou la salle à manger se trouve là, le cœur de la maison sera imbibé d'énergie vitale. Une très bonne énergie entrera aussi dans votre maison.

20 Pièces condamnées

Vous devez faire quelque chose à propos des pièces de votre maison qui semblent condamnées. Ce genre de pièce, sombre et inutilisée, est rempli en outre d'énergie stagnante. L'air qui s'y trouve est généralement malheureux et hostile.

Les pièces devenues des débarras sont ainsi. Leur énergie s'alourdit, elle imprègne les murs et les planchers, et affecte progressivement les pièces en dessous et au-dessus. Pour corriger ce déséquilibre, utilisez des remèdes temporaires basés sur les cinq éléments. Une solution plus permanente est de se débarrasser de tout le bric-à-brac qui y est entassé – d'installer un nouvel éclairage, d'appliquer une nouvelle couche de peinture. Autrement dit, de revitaliser son chi.

La revitalisation du chi fait autant appel à l'instinct qu'à l'expérience. Quand vous aurez appris toutes les méthodes présentées dans ce livre et la façon de revitaliser le chi grâce aux cinq éléments – feu, eau, bois, métal et terre – vous saurez le faire sans problème. Apprenez d'abord à écouter votre maison, puis utilisez ces techniques.

Les lumières vives et les couleurs chaudes fournissent une dose d'énergie yang aux pièces sombres.

21 Faites attention à votre chambre à coucher

Faites attention aux pièces que vous utilisez le plus souvent. Quand l'énergie chi d'une chambre à coucher est peu accueillante, par exemple, le couple sera agité et n'aura pas envie de rentrer chez lui. C'est ainsi que débutent les problèmes dans le mariage, provoqués par la mauvaise énergie de la chambre partagée par les époux. Développez votre sensibilité aux impressions que laisse votre chambre.

Quand la circulation du chi dans la chambre à coucher est bloquée, la relation s'enlisera, car la pièce n'est peut-être pas assez propre et en bon état. Beaucoup de jeunes couples qui travaillent laissent se détériorer le chi de leur chambre. C'est d'abord un désordre inoffensif, puis, avant qu'on se rende compte, la chambre est inondée de vêtements, de sacs, de chaussures, de magazines et parfois même d'assiettes avec de la nourriture. Les tiroirs débordent, les armoires sont en désordre et regorgent d'habits. La mauvaise humeur du couple ajoute à cette accumulation et la négativité domine la pièce.

Votre chambre doit contenir une énergie chi amicale, chaleureuse. Pour que vos relations se développent, le chi, la force vitale magique, doit bien circuler dans la pièce.

Le bric-à-brac de mon père et la transformation de ma mère 22

Pendant des années, mon père et ma mère se sont chamaillés sur les choses qu'il voulait absolument garder. Au début, ils s'en amusaient, car elle le poussait en riant à se débarrasser de ses *National Geographic*, de ses babioles accumulées au fil des ans, de ses chemises et pyjamas usés. Mais ma mère avait fini par comprendre qu'elle ne pouvait rien contre l'attachement indéfectible de mon père à toutes ses affaires démodées. Elle a donc vécu avec ce fouillis dans leur chambre. Après la mort de mon père, ce bric-à-brac est devenu pour elle une source de dépression. Je l'ai vue se laisser entraîner dans une spirale de chagrin, tomber malade et perdre de plus en plus l'équilibre. Pendant un moment, je n'ai pas su comment gérer la situation.

Trop d'objets chargés de souvenirs sentimentaux et le désordre général peuvent donner un sentiment d'oppression, empêchant les occupants d'avancer dans la vie.

En désespoir de cause, je suis allée chez elle et j'ai frénétiquement débarrassé leur chambre. J'ai passé en revue toutes les choses fourrées dans les armoires, poussées sous le lit et rangées sur les étagères. J'ai donné ses magazines soigneusement reliés à la bibliothèque locale, j'ai brûlé ses vêtements et donné à des parents et amis tout ce qu'il avait accumulé au fil des ans. J'ai gardé sa chaise longue. J'ai jeté le reste. Puis j'ai acheté à ma mère un appartement au dernier étage d'un immeuble moderne, pourvu d'une piscine, d'un gymnase, d'un café, où habitaient beaucoup de jeunes.

Ceci l'a obligée à s'installer dans un nouvel environnement riche en énergie yang fraîche. Sa transformation faisait plaisir à voir. Aujourd'hui elle est alerte, joyeuse et très heureuse. Au mariage de sa petite-fille, au début de cette année, elle a même dansé le tango. À 79 ans, elle semblait plus jeune qu'elle l'avait été à 60 !

23 Entretenez le mouvement – partagez vos biens

Ne laissez jamais la circulation d'énergie dans votre maison s'arrêter ou rester bloquée. La meilleure façon d'entretenir ce mouvement est de donner les vêtements que vous ne mettez plus, ainsi que tous les objets inutiles – sacs, chaussures, livres, accessoires, babioles, serviettes, meubles même. Vous faites ainsi place dans votre vie pour des choses nouvelles. En faisant le vide dans vos commodes, sur vos étagères et dans vos chambres. D'autres biens s'y installeront rapidement.

Rappelez-vous que libérer votre maison de l'excès d'objets c'est aussi le débarrasser du bric-à-brac. Outres les objets inutiles, usés, obsolètes, vous écartez aussi ceux en bon état dont vous n'avez plus besoin. Autrement dit, partagez vos biens avec les autres, donnez-les à des organismes de charité et regardez entrer dans votre vie de nouveaux objets qui amènent un chi frais dans la maison.

Le fouillis peut être beau, si c'est un objet que vous n'aimez plus ou dont vous n'avez plus besoin. Vos biens doivent refléter vos goûts et intérêts actuels.

La liberté du don

Un cadeau de 3 pièces de monnaie chinoises symbolise la prospérité pour celui qui les reçoit.

Je connais beaucoup de gens riches et généreux qui offrent régulièrement aux œuvres de charité des objets dont ils n'ont plus besoin. Je fais partie des privilégiés qui ont été inspirés par quelques âmes généreuses fort à l'aise. Je suis heureuse de dire que ces amis merveilleux deviennent de plus en plus riches. Et ce n'est pas surprenant, car leurs actions génèrent une circulation naturelle d'énergie dans leur vie, apparemment sans effort.

J'ai visité leurs maisons où règne un ordre parfait. Leur habitude de donner a fait développer chez eux au fil du temps un certain détachement envers leurs possessions – peu de risques que le fouillis s'installe.

Ne bloquez jamais la porte principale 24

Il est vital que l'entrée de votre maison ne soit jamais obstruée. Ne laissez jamais se bloquer l'énergie entrante. Pour commencer, votre porte d'entrée doit pouvoir s'ouvrir largement, avoir les gonds bien huilés. L'ouverture complète ne doit être gênée par aucun meuble.

La porte principale doit s'ouvrir dans un vestibule lumineux – un espace clair, où le bon chi puisse pénétrer, s'accumuler et s'installer. Ce courant d'énergie ne doit pas rester sur le pas de la porte ou autour de celui-ci.

La bouche de la maison

Les Chinois appellent la porte principale « bouche » de la maison. Ce lieu doit présenter le plus de caractéristiques propices possibles. Dans l'idéal, un espace relativement large doit entourer la porte d'entrée. Si vous n'en disposez pas, si l'entrée est petite et étroite, il faut faire d'autant plus d'efforts pour que le vestibule ait l'air spacieux. Cette zone n'est pas appropriée pour des étagères et des rangements. Si la famille déborde sur l'espace entourant votre porte d'entrée, réfléchissez à une solution plus permanente.

Ma maison est devenue plus grande au fil des ans, à mesure de l'accroissement de la chance familiale. Quand nous avons construit la maison, il y a 27 ans, nous n'avions pas beaucoup d'argent, et elle était petite. Par la suite, nos besoins sont devenus plus complexes, nous avions eu besoin de plus d'espace. Au lieu d'un séjour, nous en avons maintenant trois. En agrandissant la maison, je m'assure toujours qu'aucun meuble, placard ou étagère ne sont placés dans la zone de la porte d'entrée. Dans mon séjour il y a un seul placard intégré. Je ne veux pas d'un bric-à-brac là-dedans, qui génère de l'énergie yin nuisible. Je le nettoie à la fin de chaque année. Quoi que je fasse, même si je fais très attention à ne pas le remplir, il finit par déborder. Si bien que j'y range maintenant de l'encens, des bougies, des huiles essentielles, que nous utilisons dans l'année. Avec le temps, le buffet finit par se vider de lui-même.

Minimisez autant que possible de fouillis près de la porte d'entrée, sinon les occasions seront symboliquement bloquées.

25 Corriger les éléments incompatibles à la porte

La mauvaise énergie à la porte peut être suscitée par l'incompatibilité des éléments. Les cinq éléments utilisés par le Feng shui, le feu, le bois, le métal, la terre et l'eau, passent par un cycle de production et de destruction.

La connaissance des éléments permet de percevoir une perturbation dans la circulation de l'énergie de votre maison et de l'éliminer. Ainsi, quand votre porte est située dans les parties bois de la maison (sud-est ou est), elle ne doit ni être peinte en blanc ni être en métal (par exemple, porte coulissante en aluminium). Le métal détruit le bois – il est donc nuisible à l'énergie de cette position. Une porte en bois, surtout peinte en bleu, convient mieux, car l'eau produit le bois. Une porte peinte en rouge épuisera la famille (l'énergie feu épuise l'énergie bois).
Quand la position de la porte principale correspond aux directions de l'élément terre (sud-ouest ou nord-est), n'installez pas une porte de bois vert, qui plus est peinte en vert. Le bois ancien est parfait, car l'énergie bois s'accroissant rapidement est nuisible aux coins terre et épuise leur énergie. Le résultat risque de s'avérer très néfaste, causant maladie et disparition des occasions. Dans les coins métal (nord-ouest et ouest) les portes rouges sont un danger.

26 Dissiper la mauvaise énergie à la porte d'entrée

Rien de plus nuisible pour la maison qu'une porte d'entrée écaillée ou fendillée. Si votre porte présente une craquelure, si ses gonds crissent, réparez-la. Parfois, les portes en bois se dilatent à cause du climat et raclent le sol. Il faut s'en occuper immédiatement, car ce signe annonce des accidents pour les résidants de la maison, outre bloquer la porte, ce qui, à son tour, paralyse votre vie !

Les portes présentant des défauts visibles, trous ou fissures, sont très dangereuses pour les habitants de la maison. Elles signalent que le chi environnant est perturbé. En plus de réparer la porte, il faut aussi revitaliser son chi avec de la lumière. L'encens écartera les mauvaises vibrations. Gardez l'endroit bien éclairé pendant au moins une semaine, et appliquez une nouvelle couche de peinture sur la porte.

Le Feng shui conseille de peindre de couleurs vives la porte d'entrée.

La mauvaise énergie de l'entrée est générée par les gonds qui crissent – huilez-les au moins tous les six mois. Ainsi, les portes s'ouvrent et se ferment en douceur, de sorte à ne pas risquer de perdre des occasions ni de se retrouver en prison. Les portes de ma maison s'ouvrent et se ferment facilement – comme devraient le faire les vôtres.

Charger la porte d'entrée d'énergie protectrice 27

Quand l'énergie de votre porte d'entrée est forte, elle est extrêmement protectrice. Lorsque j'ai visité l'île de Bali, lieu chargé de spiritualité, j'ai remarqué que l'entrée des immeubles jouissait toujours d'une attention particulière. Le guide a expliqué qu'un totem qui s'ouvre en deux placé là signale une puissante énergie protectrice, car la porte peut se fermer sur le champ et se transformer en totem protecteur.

Les symboles animaux sur les portes et leurs montants sont des marques populaires de protection.

Les Chinois ont toujours renforcé leurs entrées en disposant devant les temples, les palais et les maisons soit des dieux protecteurs des portes, soit une paire de licornes Chi Lin ou de chiens Fu. Vous découvrirez, comme je l'ai fait, que presque toutes les cultures et traditions du monde comprennent la croyance dans le pouvoir des symboles protecteurs sur les portes. Placés à l'entrée des maisons, ces symboles deviennent encore plus puissants quand la porte est chargée d'énergie vitale grâce à la concentration. Cette visualisation est mieux effectuée le matin, au lever du soleil.

(Ci-dessous) : Les chiens Fu (symboles protecteurs chinois) sont placés en paires pour garder une entrée.

Secouez d'abord vos mains trois fois pour détendre le courant d'énergie qui les parcourt. Tenez-vous dans la maison, à 3 m de la porte d'entrée. Levez les mains, paumes ouvertes, votre corps faisant face à la porte fermée. Concentrez-vous ensuite sur la porte et imaginez qu'une énergie invisible sort de vos paumes et éclaire la zone devant celle-ci. Ce faisant, pensez que cette énergie est un mur invisible de lumière forte et protectrice.

Protéger votre porte

Si votre porte est orientée au sud, votre assise est au nord. Visualisez un mur de lumière bleue qui écartera la malchance et les gens mauvais.

Si votre porte est orientée à l'est, créez un mur mental de lumière blanche, qui protégera des entités malfaisantes et des malheurs.

Si votre porte est orientée à l'ouest, pensez à un mur de lumière verte ou bleue qui apportera une énergie de croissance et protégera les résidants de l'infortune.

Si votre porte est orientée au nord, votre assise sera au sud, donc un mur de lumière rosée attirera une énergie très protectrice.

Si votre porte est orientée au sud-ouest, imaginez un mur de lumière jaune dorée, qui attirera les 9 types de chance.

Si votre porte est orientée au sud-est, visualisez un mur de lumière blanche qui attirera la chance céleste.

Et si votre porte est orientée au nord-ouest, pensez à un mur de lumière bleue ou verte, apportant la prospérité.

28 Qu'est-ce qui mine votre énergie ?

Quand vous vous sentez fatigué tout le temps, quand vous perdez l'inspiration, la motivation et l'envie de réaliser vos objectifs, jetez un coup d'œil sur votre espace de vie. Si l'énergie de votre maison ou chambre est raréfiée, cette pénurie se transférera à vous, si bien que vous vous sentirez exténué et vidé.

L'impression de fatigue et d'apathie peut être due à un déséquilibre énergétique dans votre maison.

Généralement, cela signale que quelque chose dans la pièce ou la maison sape l'énergie. La fatigue est l'effet le plus minime de ce genre d'énergie affligée. Parfois, celle-ci fait tomber malades les résidants les plus faibles.

Jouez au détective

Accordez-vous à votre maison et méditez pour trouver la cause de ce malaise. En plaçant votre esprit sur la même longueur d'onde que la maison, vous avez la quasi certitude de découvrir la source de l'affliction et la cause des troubles. Examinez chaque pièce – particulièrement celle où vous passez le plus de temps – pour vérifier s'il n'y a pas de trous dans les murs, des étagères abîmées, des objets ébréchés ou, pire, des statuettes en porcelaine présentant de fines craquelures. Les débarras sales ainsi que les pièces inutilisées et négligées génèrent eux aussi un chi négatif.

Les couples qui ressentent un sentiment d'usure doivent examiner leur chambre – un quelconque attribut de cette pièce mine leur énergie. Si le lit est en mauvais état (si la tête de lit ou le cadre sont endommagés, si le matelas a des ressorts cassés), la relation est sur le point de se briser. Remplacez-les donc, sinon la relation se détériorera.

La malchance des vases ébréchés

Les Chinois sont très superstitieux à ce sujet, surtout s'il s'agit d'un vase en porcelaine, d'une urne en céramique ou d'un récipient en terre cuite, qui privent l'espace de son énergie vitale. Les baignoires, éviers et toilettes ébréchés risquent de faire disparaître la chance de la maison.

Jetez les ustensiles ébréchés et cassés 29

Les mères chinoises insistent toujours sur le fait qu'il faut jeter les bols et les baguettes abîmées. Elles ne permettent jamais d'utiliser des assiettes et des tasses ébréchées, car c'est là l'une des causes les plus connues de mauvaises affaires, de perte d'argent et de risques d'être trompé.

Si vous versez à un hôte du thé d'une théière dont le bec est ébréché, celui-ci le refusera poliment s'il a la moindre notion de l'énergie et du Feng shui. Il évitera aussi de boire dans une tasse ébréchée, car cela minera son énergie – il risque de tomber malade ou de perdre sa vitalité.

Anticipez le problème en jetant les objets ébréchés – même si le vase a de la valeur et si l'assiette fait partie de votre collection de porcelaines. Se débarrasser des assiettes et des ustensiles ébréchés et cassés est l'une des corvées les plus importantes de l'année. Faites-le, et vous serez surpris par la quantité d'objets endommagés qui se terrent dans votre cuisine !

Pour les Chinois, une vaisselle parfaite favorise la santé, tandis que les ustensiles ébréchés minent la vitalité et portent malheur.

Méfiez-vous de l'énergie tueuse dans la maison 30

Développez votre sensibilité à la présence d'une énergie hostile dans votre maison. Cette énergie est tueuse – le genre qui engendre la maladie, la faillite et le licenciement. Dans la vie, certaines des plus grandes tragédies sont provoquées par des sources cachées de chi tueur.

Récemment, avec la montée en popularité du Feng shui, beaucoup de gens sont devenus plus sensibles aux sources de *shar chi* – poutres au-dessus de la tête, angles saillants, objets décoratifs hostiles, couteaux, épées et ciseaux visibles – susceptibles de causer des maladies. Au fil du temps, j'ai reçu des milliers d'e-mails témoignant des résultats de la neutralisation de l'énergie tueuse d'une maison ainsi que de l'amélioration de la santé physique après que les gens se sont débarrassés du bric-à-brac.

Camouflez donc cet angle saillant, décrochez ce tableau hostile, recouvrez ce plafond avec des poutres apparentes et bloquez toutes les choses pointues, triangulaires et verticales. Méfiez-vous à l'extrême de l'énergie tueuse qui a pu s'installer dans votre maison.

31 Des champs énergétiques imbriqués

Quand vous effectuez un travail énergétique, n'oubliez pas les champs qui s'imbriquent. La chance ou la malchance, les bonnes ou les mauvaises vibrations ont rarement une seule cause. On trouve partout de multiples couches de champs énergétiques, parfois superposés.

Le champ énergétique dominant d'une maison a l'effet le plus intense sur le bien-être de ses résidants. S'il est bénéfique, ses effets sont excellents, s'il est hostile, néfastes. Cependant, personne n'est exclusivement chanceux ou malchanceux.

La vie n'est pas un canevas d'absolus. D'autres champs énergétiques existent. Souvenez-vous que tous les champs énergétiques sont reliés aux chakras du corps humain, avec lesquels l'énergie de l'espace vibre en harmonie. Selon le degré de développement de votre conscience spirituelle, vous vous accordez à l'énergie qui a la plus grande signification pour vous. Dans un espace riche en énergie, chaque personne ressentira un degré de bien-être différent. En vous familiarisant avec les chakras, vous développerez aussi une sensibilité accrue à l'énergie – négative et positive – d'un espace donné. Plus votre harmonie spirituelle est grande, plus vous serez sensible aux champs énergétiques superposés. Les personnes connaissant peu les chakras noteront les champs les plus puissants. Faire partie de ce dernier groupe facilite la vie, car on s'accordera au champ énergétique dominant, le plus significatif pour la lecture de l'énergie d'une maison.

Les sept chakras réagissent à l'espace, à la lumière et à la couleur. L'intellect sera stimulé par le jaune des murs, et l'instinct par les chaises rouges.

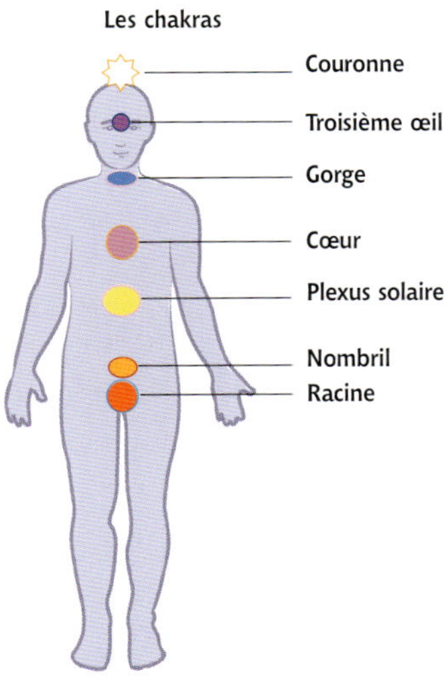

Mauvaises vibrations émanant des meubles 32

Tous les meubles émettent des vibrations, surtout ceux en bois. Ce matériau attire particulièrement le chi, si bien que les meubles en bois accumulent un maximum d'énergie. Généralement, plus le bois est dur, plus l'énergie s'y attache. Les meubles anciens en bois très durs (tek, bois de rose, chêne) sont chargés de l'énergie de centaines d'années. Parfois, l'énergie de ces meubles peut être hostile, triste ou mauvaise. Il est très important de s'en rendre compte, surtout si vous aimez les meubles anciens.

Même les meubles nouveaux peuvent être porteurs d'énergies désagréables.

Un de mes amis, collectionneur, avait acheté un lit ancien de mariage pour sa fille, à l'époque célibataire. C'était une pièce très belle et très rare, venant d'une famille très riche. Je me suis demandé pourquoi une famille si aisée vendait un tel héritage familial. Arrivée à 36 ans, la fille de mon ami était toujours célibataire. Lors des funérailles de mon ami, j'ai conseillé à sa fille de se débarrasser du lit. Elle l'a vendu, en faisant au passage un joli bénéfice, car c'était réellement un chef-d'œuvre. Un mois plus tard, elle a rencontré un camarade de classe qu'elle n'avait pas vu depuis des années. Ils se sont revus, et une année plus tard se sont mariés.

Tout comme les lits, les bureaux et les chaises sont chargés d'énergie. Si le précédent propriétaire a été puissant et cruel, cette énergie tend à être dominatrice et agressive.

Accordez-vous aux vibrations de vos meubles. Qui sait quelle impression vous percevrez – même si vos meubles sont neufs.

Le chaton et le tigre

Un cadre parfaitement bien élevé avait acheté une chaise et un bureau anciens en bois de rose, superbement sculptés. Ils avaient appartenu au chef d'une triade de Shanghai du début du XXe siècle. Je l'ai vu se transformer littéralement sous mes yeux. Il est devenu dur et ambitieux, visant à prendre la direction du groupe pour lequel il travaillait. Il a fini par obtenir le contrôle de la société. L'homme tranquille et modeste que je connaissais avait disparu. Ce mobilier de bureau – avec ses sculptures des neuf dragons – lui avait porté chance, selon lui. En le regardant et en voyant un homme cruel et ambitieux, je me suis demandé combien de cette nouvelle force et énergie venait de son mobilier. Si ce bureau ancien était ou non bon pour lui est une question d'appréciation et de point de vue.

33 Purifiez les meubles anciens avec du sel

Quand vous ramenez chez vous un meuble ancien, écartez les mauvaises vibrations subsistant sur lui avec du sel. Cette substance dissout l'énergie négative et se fraye un chemin à travers les dimensions éthériques pour neutraliser le chi nuisible et hostile.

Préparez un mélange de sel gemme avec du sel de mer, en parties égales. Le sel synthétique est inefficace – le pouvoir de la terre et le pouvoir de la mer sont nécessaires.

Prenez une poignée de ce mélange dans vos mains. Frottez celles-ci l'une contre l'autre trois fois, dans un mouvement montant et descendant, pour sensibiliser vos paumes. Passez-les sur le meuble, dans un mouvement de balayage, comme pour essuyer la poussière déposée sur sa surface. Répétez trois fois, dans le sens des aiguilles d'une montre. Ce faisant, psalmodiez doucement des mantras de purification. Je me sers toujours du puissant mantra du Bouddha de Compassion, « Om Mani Padme Hum », mon préféré. Vos paumes insufflent à votre travail de purification un grand pouvoir. Après avoir fini, lavez-vous soigneusement les mains. Si vous préférez ne pas utiliser vos mais, prenez un chiffon humide.

Vous pouvez aussi offrir aux meubles anciens un bain de soleil. Laissez-les en plein soleil de dix à quinze minutes. Pour un bureau, ouvrez les tiroirs, pour que le soleil pénètre partout. C'est un puissant moyen de se débarrasser de la vieille énergie nuisible et de la revitaliser.

34 L'énergie des miroirs

Les reflets dans le miroir émettent une énergie intense. Dans le travail avancé de purification du Feng shui, les experts utilisent des miroirs spécialement consacrés pour absorber et capturer toute la mauvaise énergie d'une pièce. Une méthode facile, conseillée par les vieux moines d'un temple de Singapour célèbre pour les connaissances de Feng shui de son abbé, est de placer un miroir rond en bronze dans une pièce censée être affligée d'une énergie mauvaise.

Les miroirs en laiton absorbent toute énergie négative d'une pièce.

Avant d'être placé dans la pièce concernée, ce miroir en laiton doit être consacré avec un mantra approprié (une prière ou une bénédiction répétée). Alors, toutes les mauvaises vibrations seront absorbées dans le reflet et neutralisées. Les miroirs doivent refléter la lumière plutôt que l'obscurité, des espaces propres plutôt qu'encombrés, des murs plutôt que des portes et de longs couloirs. Si vous avez un miroir mural chez vous, regardez-le à partir de divers angles pour vous assurer qu'il reflète toujours un bon espace. Si vous y voyez quelque chose de néfaste, un coin encombré ou sombre, nettoyez-le ou recouvrez le miroir, pour qu'il ne double pas les mauvais effets de l'image négative. Les miroirs reflétant une belle pelouse, des fleurs, des jeux d'eau à l'extérieur font entrer dans la maison l'énergie revitalisante de la nature.

Faites très attention aux coins 35

Quand on en vient à l'accumulation de l'énergie négative, on doit toujours faire très attention aux recoins de la maison, où s'installent souvent l'énergie négative, les toiles d'araignée et la poussière. Néanmoins, la plupart du chi bienveillant a aussi tendance à s'y installer.

Le coin situé en diagonale par rapport à la porte d'entrée est généralement le point névralgique d'une évaluation de la qualité énergétique d'une maison. C'est là que le bon chi s'accumule, apportant beaucoup de chance aux résidants de la maison. Ne placez pas là des commodes et des armoires, qui favoriseront l'accumulation du bric-à-brac. N'y installez pas non plus de placards intégrés, pour la même raison. Il vaut mieux garder cet endroit dégagé et propre. Placez-y une lumière vive, qui encouragera la circulation du chi.

Prêtez la même attention aux recoins de toutes les pièces. Ne laissez pas leur chi devenir usé et stagnant, assurez-vous que l'énergie circule ici en permanence. Outre la lumière, servez-vous de sons. Placez des enceintes dans les recoins pour imprégner ceux-ci d'énergie yang. Quand ils sont propres et chargés en énergie, la circulation du chi est régulière.

Le coin diagonalement à l'opposé de la porte d'une pièce doit être chargé de bon chi – éclairez cette zone d'une lumière vive, ne l'utilisez pas pour des rangements et gardez-la toujours dégagée.

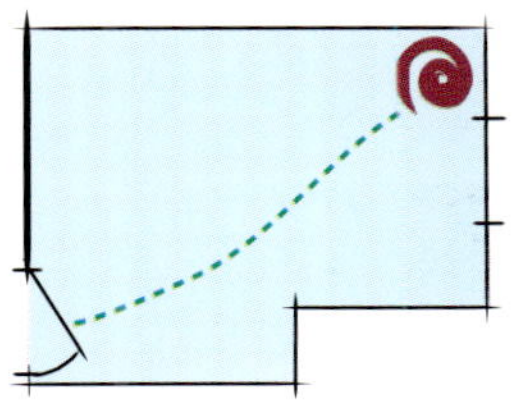

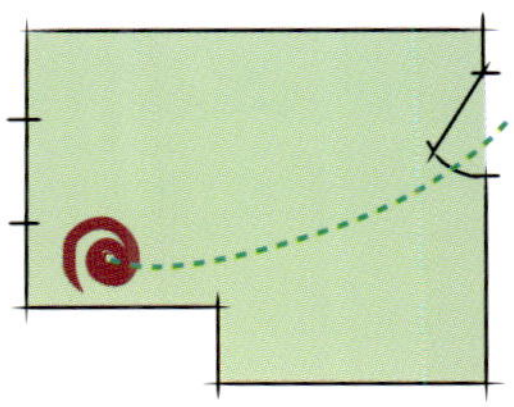

36 Le courant d'énergie dans la cage d'escalier

Évaluez correctement l'énergie montant et descendant votre cage d'escalier. Beaucoup de gens négligent les escaliers, sans se rendre compte qu'ils sont le lien entre les zones extérieures de la maison et les zones intérieures privées. Le chi de la cage d'escalier ne doit jamais rester bloqué. Le cas échéant, prenez sans tarder les mesures appropriées.

Pour que le chi y circule régulièrement, les escaliers et leurs alentours doivent être nets. La zone en dessous des escaliers ne doit pas être encombrée. Aucun fouillis ne doit être laissé sur les marches, bloquant l'énergie naturelle de la maison.

Bien entendu, la cage d'escalier peut avoir l'air encombrée en raison de son étroitesse. Si l'espace est bien éclairé, ce problème sera moins visible.

Si vous accrochez le long des marches des images propices et si vous éclairez bien l'escalier, son chi se chargera en énergie. Je conseille toujours d'accrocher une image protectrice au pied de l'escalier et de placer un « symbole d'achèvement » à son sommet, qui incarne le potentiel global : une scène de récolte, une fleur épanouie, des oiseaux dans le nid ou en vol, un fruit mûr, ou n'importe quoi de faste. Faites appel à votre créativité et à votre imagination.

Escaliers et fouillis

Les escaliers sont bloqués quand des piles de cartons sont laissées sur les paliers ou sur les marches. Mon frère avait décidé à une époque de se lancer dans les ventilateurs portables et avait stocké des cartons sur les marches. Durant cette période, il a perdu beaucoup d'argent. Nos parents, vivant dans la même maison, sont tombés gravement malades. L'état de mon père était inquiétant, il faisait de l'hypertension et du diabète et avait eu une attaque qui l'avait laissé très faible. Il s'est rétabli seulement après que mon frère eut débarrassé les escaliers de son bric-à-brac, à mes insistances. Comme le chi circulait de nouveau, sa santé s'est rapidement améliorée.

De l'énergie fraîche dans des espaces exigus 37

Aussi régulièrement que vous le pouvez, laissez l'énergie circuler à travers tous les espaces étroits de votre maison. Les couloirs exigus proches des escaliers, par exemple, profiteront énormément d'un courant de chi. Par ailleurs, ces couloirs sont des conduits pour le chi. Bien qu'ils puissent être étroits et encombrés, la qualité de la circulation du chi en ces lieux est vitale pour la santé de la maison. Une fois par mois, ouvrez toutes les portes et fenêtres pour créer un courant d'énergie fraîche.

Journaux et revues

Ne laissez jamais dans les couloirs ou près des escaliers des piles de journaux et revues, qui attireront une énergie négative. Les journaux sont très néfastes, car ils renferment des récits de crimes, de guerre, etc. Ces mauvaises nouvelles, rassemblées dans votre petit couloir, ont une énergie malfaisante. Il en est de même pour les hebdomadaires. Jetez-les après les avoir lus.

Les magazines de luxe remplis de beaux produits et de belles photos ne sont pas aussi nuisibles que les hebdomadaires qui renferment beaucoup de mauvaises nouvelles. Débarrassez tous vos espaces des hebdomadaires.

Lumière

Éclairez bien les espaces exigus. Les spots ne sont pas nécessaires, mais si on garde la lumière allumée toute la nuit, l'énergie yang sera plus dense. Préférez les lumières blanches aux jaunes.

S'il y a des plantes dans vos espaces étroits, assurez-vous qu'elles sont saines et propres. Rien n'est plus triste qu'une plante poussiéreuse, fanée. Libérez une énergie fraîche en les déplaçant périodiquement.

Changez aussi régulièrement les tableaux et les objets décoratifs accrochés aux murs, pour qu'ils ne deviennent pas défraîchis, démodés et lugubres. Ne laissez pas vos tableaux se fendiller avec l'âge, car ils émettront alors de l'énergie yin.

Si vos murs semblent trop sombres peignez-les d'un blanc brillant et frais.

38 Programme de revitalisation en huit étapes

Décidez de revitaliser votre maison. Après avoir lu ce livre, faites-le immédiatement.

1 Commencez par établir une liste des choses nécessaires. Partez de votre propre esprit et l'inertie s'envolera par la fenêtre. Motivez-vous en visualisant votre maison emplie d'une énergie fraîche, propre, nette et faste. Accordez-vous un laps de temps pour ce faire, un week-end ou plusieurs, assignant à chaque pièce un moment donné.

2 Organisez-vous. Passez dix minutes dans chaque pièce avec un bloc-notes. Notez les changements et les réparations à faire, les objets à enlever. Quand vous avez fini, classez les pièces par ordre d'importance. Assignez aux membres de la famille une pièce à nettoyer ou attribuez-vous un jour pour chaque pièce.

Commencer

3 Voilà une astuce : commencez par la pièce la moins importante et laissez pour plus tard celle qui vous intéresse. De cette manière, vous êtes sûr de terminer le travail.

4 Transformez l'une de vos chambres en pièce de travail, et déposez-y tout ce que vous voulez réparer, vendre ou dont vous voulez vous débarrasser.

5 Achetez des sacs poubelle grands et solides, pour y mettre tout ce dont vous ne voulez plus. Se débarrasser du bric-à-brac est très thérapeutique, et devient plus facile avec de la pratique. Ne vous stressez pas en étant indécis sur ce que vous voulez garder on non. Si vous avez des doutes, gardez. Vous vous en débarrasserez au prochain nettoyage, dans six mois. Avec de l'expérience, vous vous détacherez peu à peu des possessions. Se débarrasser du fouillis n'est pas une chose qu'on fait en une seule fois. Habituez-vous à le faire une ou deux fois par an.

6 Revitalisez votre maison avec une couche nouvelle de peinture, au mois tous les trois ans. Si vous pouvez, engagez des professionnels. Sinon, peignez une pièce à la fois. Amusez-vous avec les couleurs, mais en cas de doute choisissez le blanc, très yang et convenant à toutes les pièces. Nettoyez bien la maison avant de vous mettre à la peindre. Pensez aux strates d'énergie négative écartées et remplacées par une énergie fraîche. Rien que l'odeur de la peinture vous fera vous sentir bien.

Lumière et air frais

7 C'est l'un des moyens les plus efficaces de revitaliser l'énergie des maisons. Achetez quelques abat-jour ou appliques de couleurs claires et vous serez étonné à quel point l'énergie de votre maison semblera plus fraîche et chaleureuse. Faites entrer l'énergie du soleil grâce aux cristaux polis accrochés aux fenêtres et lavez vos rideaux. En été, faites prendre un bain de soleil à votre maison ou appartement. Le soleil revitalise tout dans la maison – les murs, les meubles, les oreillers, des coussins, les lits, les tapis et les rideaux. L'énergie solaire apporte une énergie yang fraîche.

8 Laissez le vent traverser votre maison. Le chi chevauche les vents. Faire entrer une brise douce, c'est inviter un précieux chi frais, thérapeutique et très revitalisant, dans votre maison.

Quand vous avez avancé, libérez votre vie 39

Le fouillis est subjectif – les livres en sont un exemple. Donner les livres dont vous n'avez plus besoin vous libère des idées anciennes qui ont pu vous empêcher d'avancer.

La quantité d'objets que nous accumulons constamment dans notre maison et notre vie est impressionnante. Il en est de même pour l'esprit. Des pensées futiles encombrent constamment le mental. Essayez de vous concentrer en silence pendant une minute et vous verrez à quel point c'est difficile. Les pensées vagabondent sans cesse – des pensées aléatoires pénétrant dans la conscience à partir des divers compartiments de la mémoire, comme si le cerveau fonctionnait en mode automatique. Pour la maison, c'est pareil : dans tous les coins il y a des objets, des petits, des drôles, des utiles, des inutiles, qui nous ennuient et nous stressent. Les pièces en désordre, les armoires bourrées de vêtements et les bureaux surchargés sont stressants. D'habitude, nous ne les remarquons même pas. Toutefois, si nous voulons avancer ou si nous pensons le faire, le fouillis de notre vie déborde, nous distrait et nous énerve. L'esprit génère sans cesse du fouillis matériel et immatériel.

Pourquoi le fouillis est subjectif

Décider si un objet est inutile est une décision parfaitement subjective. Le bien précieux d'une personne est l'objet inutile d'une autre. Une chose très importante pour quelqu'un ne veut strictement rien dire pour un autre. Libérer sa vie veut dire se débarrasser de ce qu'on tient pour inutile. C'est à vous de définir ce que cela peut être.

Gardez des objets précieux

Tout ce qui vous apporte de la joie, ce qui vous fait rire, ce qui vous inspire – quelle qu'en soit la raison – est précieux pour vous, car son énergie est nourrissante. Vous serez fortifié en vous entourant de choses que vous aimez et qui ont un sens pour vous, car leur énergie vibrante est synchronisée avec la vôtre.

Éliminer les objets qui rappellent de mauvais souvenirs

Tout ce qui vous fait mal, vous chagrine, vous ennuie, vous rappelle de mauvais moments ou simplement vous fatigue, est inutile. Cela doit être éliminé, pour ne plus jamais vous poser problème !

Quand vous n'avez plus envie d'un objet – livre, journal, sac, peinture, meuble, rideau, n'importe quoi, grand ou petit, bon marché ou cher –, qu'il a perdu le sens qu'il avait pour vous... jetez-le, vendez-le ou donnez-le !

40 Libérez votre vie pour de nouvelles choses

Si vous voulez créer de la place pour de nouveaux développements dans votre vie, il faut éliminer toutes les choses qui n'ont plus d'importance pour vous. J'ai découvert que ce principe simple est encore plus puissant lorsqu'il est utilisé en conjonction avec le Feng shui de la Boussole. Pour le Feng shui, les directions représentent les divers domaines de la vie. Le rangement des huit coins de la pièce coïncidant avec les huit directions cardinales est un moyen efficace de se concentrer. Quand vous voulez attirer la chance dans votre vie, rangez le bric-à-brac accumulé dans les recoins de votre maison et de votre chambre. Concentrez-vous là-dessus et faites de la place pour de nouveaux objets en vous débarrassant des anciens et en plaçant des améliorateurs selon les règles du Feng shui des symboles.

Par exemple, si vous désirez l'amour et une nouvelle relation, essayez d'appliquer ces principes à la partie sud-ouest de votre chambre, puis placez-y des symboles d'idylle : une paire de canards mandarins. Libérer un espace amène à se débarrasser des attitudes et des aspirations négatives qui vous ont causé du chagrin. C'est ainsi qu'on fait de la place pour de nouvelles expériences.

Le dieu chinois de la richesse doit être éclairé par une lumière verte pour donner un coup de pouce à l'élément bois du sud-est, le coin de l'argent.

La lumière verte fortifie le Dieu de la Richesse

En 1999, quand ma fille a eu son diplôme et est rentrée en Malaisie, elle voulait travailler. J'ai donc identifié la partie professionnelle de sa chambre (le coin nord), qui était occupée par une commode contenant des objets de son enfance. J'ai donné les jouets, les livres, les vêtements et tout ce qu'elle ne voulait plus. J'ai placé dans ce coin-là trois grandes pièces de monnaie en métal pour activer le cycle des éléments avec le métal producteur d'eau (l'élément du nord est l'eau). Juste un mois plus tard, elle a été recrutée pour le département marketing de CISCO.

En fait, Jennifer voulait créer sa propre société. Je me suis donc concentrée sur le coin de la richesse, au sud-est. J'ai enlevé l'étagère où était exposée sa collection de poneys et de poupées. J'ai installé à sa place une lumière verte, qui fortifiait l'énergie de croissance de l'élément bois. En face de la lumière, j'ai placé le dieu chinois de la richesse.

Le mois suivant, Jennifer a mis en route une petite société, la wofs.com, qui huit mois plus tard a attiré d'importants investisseurs.

Éliminer l'inutile est une question de mental 41

Liquider le désordre est très libérateur, car on s'aperçoit rarement de ses tendances à apprécier les biens matériels. Lorsqu'on se rend compte du peu de bonheur apporté par ces choses matérielles, le bric-à-brac de la vie devient plus visible – on commence alors à comprendre qu'éliminer le désordre est aussi une question de mental.

Purifier le mental

Je m'en suis aperçue lors de ma première retraite au monastère Kopan de Katmandou. J'ai décidé que j'avais besoin d'un peu de spiritualité dans ma vie et je me suis inscrite à un cours de méditation d'un mois. La pièce qui m'a été attribuée était si nue que j'ai eu envie de pleurer. Il y avait un lit, une table et une chaise. Aucune décoration, le parfum était interdit, pas de cosmétiques, de radio ou de livres – rien. Je ne disposais que des murs dépouillés, de meubles essentiels et de mon mental. Pourtant, ce mois-là a été l'expérience qui a changé le plus ma vie. Avec l'aide des moines et des nonnes de Kopan, j'ai découvert mon monde intérieur. Sans rien pour me distraire, j'ai amplifié progressivement la prise de conscience de mon environnement. J'inspirais l'air extrêmement froid du matin, je baignais dans la brise.

Laver les pensées

À mesure que je me suis accordée à mon mental, j'ai commencé à le purifier de ses afflictions et pensées négatives, processus douloureux et en même temps cathartique. C'était comme laver du linge.

Quand on commence à frotter, la saleté trouble l'eau, si bien qu'on ressent la douleur, les maux et la résistance de l'ego – on se sent mal, on s'abandonne à l'apitoiement de soi, on aimerait renoncer. Mais la spiritualité du lieu et le cours de méditation aident à gérer la situation, si bien qu'on s'accroche jusqu'à ce que l'eau boueuse se clarifie lentement. Le mental développe une sensibilité aiguë à l'énergie du temps et de l'espace.

Ce fut la libération la plus importante à laquelle j'ai soumis mon mental et ma vie. Je me sens plus légère et brillante. Je retourne maintenant à Kopan au moins une fois par an pour purifier tout le désordre qui s'accumule dans mon esprit.

Liquider le désordre implique la compréhension de l'attitude mentale, vitale pour penser clairement et vivre plus simplement.

42 Soyez sensible à votre entourage

Tout le monde ne peut pas apprécier le besoin de débarrasser régulièrement son espace de vie. Beaucoup ne seront pas d'accord avec la définition du désordre. Pour certains, les objets inutiles qui occupent un espace précieux sont du bric-à-brac – ce qui est inutile pour une personne sera un objet d'affection pour une autre.

Il est facile de ranger quand on vit seul – on est l'unique juge de ce qui est inutile et de ce qui est précieux. Il suffit de commencer. Établissez une liste pièce par pièce. Pas besoin de consulter qui que ce soit, de tenir compte des sentiments d'autrui. Réservez-vous deux week-ends pour ranger de fond en comble votre maison.

Toutefois, d'ordinaire il est plus compliqué de liquider le désordre. La plupart des gens vivent avec au moins une autre personne, qui généralement ne s'aperçoit pas du désordre environnant. Au fil du temps, ces personnes ont développé une certaine immunité à l'énergie négative générée par ce type d'environnement domestique – fatigue, apathie, hostilité et blocages menant à la maladie.

L'art de la persuasion subtile

Si vous partagez votre espace avec des personnes peu intéressées par leur demeure, vous aurez du mal à mettre en route vos idées de libération de l'espace. Dans de telles situations, soyez sensible à votre entourage. Commencez peu à peu. Liquidez le désordre un peu à la fois. Laissez-les se rendre compte à quel point l'énergie devient agréable après que la maison a été rangée, nettoyée et organisée.

Il vaut mieux commencer par le séjour. Prenez votre temps pour modifier les chambres, les bureaux, les armoires et les commodes. Le séjour est la zone publique de la maison, ce qui est inutile est très visible là. Quand vous commencez à jeter les journaux et les revues, la plupart s'en ficheront. Mais si vous vous mettez à vous débarrasser d'objets personnels, c'est autre chose – faites attention aux gens avec lesquels vous vivez.

Beaucoup de couples ne partagent pas la même préférence pour un intérieur spartiate – ce qui est du bric-à-brac pour l'un peut être un héritage familial pour l'autre.

Tout bric-à-brac n'est pas mauvais 43

Distinguez entre les souvenirs : pensez au genre de souvenirs qu'évoque un objet, au lieu de l'accepter comme un élément de votre histoire personnelle. Gardez vos bons souvenirs.

Il y a des choses dans la vie dont vous n'avez plus besoin, bien qu'elles continuent à occuper une petite place dans votre cœur – n'importe la raison. Vous n'êtes pas encore prêt à vous en séparer. Dans ce cas, gardez-les, même si ce n'est que pour quelques mois de plus. Des articles sur les succès passés, une photo fanée d'une époque lointaine, un vieux bulletin scolaire, une carte d'anniversaire envoyée par un admirateur depuis longtemps perdu de vue dont vous aimez la prose, un corsage en dentelle qui rappelle de bons souvenirs – tout ce qui serait normalement jeté, mais que vous voulez garder encore – rien et personne ne vous interdit de les mettre de côté. L'objet peut n'avoir aucune valeur pécuniaire, mais votre âme le chérit. Gardez-le et rendez-vous compte que tout bric-à-brac n'est pas mauvais.

Poubelle ou trésor ?

Il y a toujours dans la vie des objets simples, bêtes même, qui continuent à offrir une énergie positive en vertu de ce qu'ils signifient pour nous – le chi heureux s'accroche tout aussi fort aux choses que le chi malheureux. L'énergie agit en égale mesure pour l'un et pour l'autre. De plus, elle a une dimension temporelle. Qui peut dire quand un objet de grande valeur sentimentale deviendra inutile ?

Pas besoin de maltraiter les choses. Honorez les objets qui vous ont apporté autrefois de la joie. Le souvenir d'un moment de courage vous apportera du courage quand vous en aurez besoin, juste comme le souvenir d'un moment de triomphe élève le moral. Pas besoin de jeter les objets déclenchant de tels souvenirs positifs, qui fortifient le bonheur.

44 Désordre qui épuise votre énergie

Débarrassez-vous du bric-à-brac qui met en péril votre énergie : les objets dont l'aura et le chi sont lourds, pleins d'hostilité et qui vous angoissent à chaque fois que vous vous en approchez (meubles, tableaux, objets d'art). Malgré les fortes vibrations négatives associées à eux, vous avez dû les supporter. Parfois, c'est la présence d'un objet les résidants de la maison associent au chi négatif, qui épuise leur énergie. Quand un tel objet est écarté, on a l'impression que la maison a signé un nouveau bail avec la vie. Quand l'énergie intérieure recommence à se mouvoir, elle apporte pratiquement toujours de bonnes nouvelles.

Les collections d'objets apporteront une énergie négative si elles sont associées à un membre difficile de la famille.

Il faut changer

L'une de mes amies avait une vieille horloge comtoise dans le vestibule de sa maison. Elle en avait la chair de poule à chaque fois qu'elle passait. L'horloge avait appartenu à la famille de son époux et sa belle-mère avait insisté pour que son fils aîné la garde, pour « se souvenir de son héritage ». Avec le temps, la vieille horloge a fini par représenter toute la négativité que mon amie associait à sa belle-mère. Longtemps après la mort de celle-ci, l'horloge a continué à égrener son chi hostile.

Quand elle m'en a parlé pour la première fois, j'ai été étonnée de voir à quel point la simple description de l'horloge la perturbait. « Débarrasse-toi de cette horloge. Elle épuise manifestement ton énergie et te stresse. »

Il ne lui était jamais venu à l'esprit qu'elle pouvait la vendre. Elle avait vécu si longtemps avec l'horloge, que la présence de celle-ci dans la maison était fermement établie, au point d'écarter totalement celle de mon amie. Celle-ci l'a fait transporter dans un magasin d'antiquités, où l'horloge a fini par se trouver une maison dont l'énergie était plus en accord avec la sienne.

L'effet sur mon amie a été étonnant. L'horloge enlevée, le chi a recommencé à circuler et la vieille maison s'est chargée en énergie. Son époux a eu une promotion, que mon amie a astucieusement mise au compte de la disparition de l'horloge. La dernière fois que je l'ai vue, mon amie avait rénové sa maison de la cave au grenier.

Bric-à-brac qui bloque l'énergie 45

Si vous voulez que la vie se déroule sans heurts, écartez tout ce qui empêche l'entrée de l'énergie et sa circulation dans la maison. Les vibrations de l'énergie bloquée d'une maison ont un effet négatif sur le bien-être de ses résidants. L'énergie doit circuler sans entraves d'une pièce à une autre. Quand l'énergie stagne, votre vie est bloquée – la vie devient un combat et la réussite se fait attendre.

Où commencer

L'entrée et la zone de l'escalier sont les plus susceptibles d'accumuler le bric-à-brac. Elles sont aussi les conduits énergétiques de la maison, qu'il est vital de maintenir

L'entrée. Un vestibule bloqué crée un environnement hostile qui imprègne le reste de la maison. N'y laissez pas des chaussures, des manteaux, des parapluies. Ainsi, l'énergie qui entre par la porte principale pourra s'installer et s'accumuler avant de parcourir le reste de la maison. Placez là une petite table pour les objets quotidiens et faites le ménage tous les jours. Gardez les murs et les planchers propres, dégagés, éliminez tout tableau, poster ou objet décoratif usé. Lorsque vous créez une voie accueillante à travers l'entrée, le chi vibrant de la chance pénétrera sans hésitation chez vous.

Couloirs et vestibules exigus. Ces zones déplacent l'énergie de pièce en pièce. Les commodes, les armoires et les tables attirent sans aucun doute le fouillis : les journaux, les revues, les publicités et toutes sortes d'objets tendent à s'accumuler là. Jetez-les, car ce fouillis risque d'être nuisible quand il fait stagner le chi. Déplacez les meubles, pour créer une voie libre à travers laquelle le chi pourra circuler. Et placez là une corbeille à papier !

Les cages d'escalier déplacent l'énergie d'un étage à un autre, si bien qu'on ne doit pas y entreposer des objets. Gardez la cage d'escalier propre et en ordre, pour que le courant de chi arrivant dans les chambres ne soit pas entravé. Cela facilite grandement la distribution du chi dans toute la maison.

Miroirs

Les miroirs des couloirs ou des entrées ne doivent pas réfléchir un fouillis, car cela doublera symboliquement sa négativité. Utilisez une table semi-circulaire ou un placard pour tenir en échec le désordre ; une plante aux feuilles arrondies aide la circulation du chi au coin de l'alcôve.

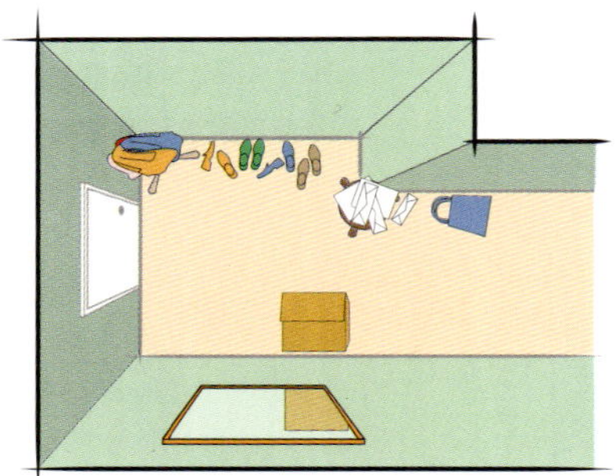

Le miroir reflète le fouillis de l'entrée.

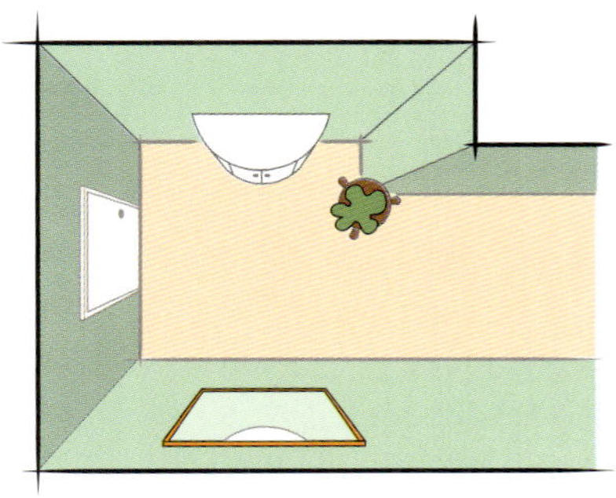

Le miroir double le bon chi d'une entrée dégagée.

46 Paperasses qui affectent le bien-être mental

Un certain type de fouillis épuise l'esprit, perturbe le mental et obscurcit le jugement. Il s'accumule dans les espaces de travail et les chambres à coucher, et est normalement associé à des questions difficiles et inquiétantes. C'est de la paperasse – la correspondance quotidienne – qui, si on ne la gère pas, affectera le bien-être mental et déclenchera le stress. On ne doit jamais la laisser s'empiler.

Beaucoup de gens ne s'occupent pas pendant des semaines et même des mois des factures impayées, des lettres non classées, des fax et d'autres documents. Ces paperasses encombrant les bureaux, les tables et les étagères, chez soi ou au travail, peut faire naître une grande inquiétude. L'effet est subliminal, affecte le subconscient et active une inquiétude pouvant déboucher sur la migraine, le stress et la tension. Le corps sera affecté, tout comme l'esprit.

La poste apporte tous les jours des documents importants concernant la vie quotidienne – formulaires administratifs, déclarations d'impôts, factures de téléphone –, mais aussi des tas de prospectus. Nous les empilons sans leur prêter attention, et en l'espace d'une semaine on aboutit au désordre induisant le stress.

Le courrier inutile va à la poubelle

Investissez dans des dossiers de classement et prenez l'habitude de jeter les prospectus le jour où ils arrivent. Malgré cela, beaucoup de gens gardent des catalogues qu'ils n'utilisent jamais, des propositions d'agences de voyage où ils ne mettent jamais les pieds, des lettres d'informations d'associations, etc. Vous devez les lire à leur arrivée, puis vous en débarrasser sur le champ.

Ouvrez votre courrier le jour de son arrivée. Réservez-vous quelques moments pour ce faire. Jetez les enveloppes et classez immédiatement les documents importants, pour ne pas subir le stress causé par des papiers égarés. La meilleure façon d'éviter le fouillis est de ne jamais lui laisser la chance de s'accumuler.

Faites-le tour à tour avec votre compagnon. Chez moi, cela ne marche pas, et je me charge d'ouvrir le courrier tous les jours, avant qu'il ne s'empile.

Arrangez-vous un espace confortable pour vous occuper du courrier. Placez à portée de main un dossier pour les documents à garder, et une corbeille pour y jeter les lettres inutiles.

Écartez d'abord le vrai fouillis : objets inutiles 47

Chaque maison a sa part d'objets inutiles – choses que personne ne veut, mais dont nul n'a le temps de se débarrasser. Dans cette catégorie entrent les journaux et les revues, les catalogues périmés, les prospectus. On a aussi le bric-à-brac moins évident, qui brouillera les énergies de la maison, attirera l'énergie négative ou, pire, fera stagner l'énergie et l'épuisera.

Nous parlons là d'appareils électroniques défectueux, chaînes stéréo, radios, ordinateurs, fers à repasser, bouilloires, etc. Beaucoup de gens n'arrivent pas à accepter l'idée que ces commodités de l'époque moderne ont une durée de vie limitée et ne sont pas impérissables. Quand ces appareils tombent en panne, portez-les dans un centre de recyclage.

Gérer les Amasseurs

Mon époux a gardé pendant des années sa chaîne stéréo de 1966 qui ne marchait plus. Il avait insisté pour qu'on garde un vieux réfrigérateur qui nous avait servis pendant douze ans, mais qui ne fonctionnait plus depuis longtemps. Ses armoires étaient remplies à ras bord de costumes et de chemises de sport achetés il y a des décennies. Pas étonnant que sa vie ne prenait pas une bonne direction.

J'ai décidé de jeter la prudence par les fenêtres, et j'ai jeté aussi tout son fouillis. Comme ce que j'avais jeté était vraiment du bric-à-brac, il ne lui a jamais manqué. Ce fut le point de départ de notre période faste. Depuis lors, je jette systématiquement tout ce qui ne fonctionne plus et je rénove ma maison chaque année, morceau par morceau. J'ai jeté tout le fouillis empilé derrière la maison, dans les débarras et même autour et dans la salle de bains extérieure. Cette rénovation constante à permis l'arrivée d'une précieuse énergie yang fraîche. L'élimination du bric-à-brac nous a débarrassés de l'énergie yin. Notre vie commune est allée ensuite de mieux en mieux. Nous sommes mariés depuis 35 ans et il a accepté ma détermination de jeter tous les ans les choses inutiles.

Quand j'ai réalisé à quel point ce processus est vivifiant, je l'attends avec impatience chaque année. Je le fais juste avant la nouvelle année lunaire, m'étonnant toujours du volume accumulé en une année, malgré le nettoyage mensuel. Journaux, revues, piles usées, vieux vêtements – je vends tout au brocanteur qui vient régulièrement.

Les vieux meubles, les tableaux et les appareils électriques comme les radios peuvent vraiment s'accumuler. S'ils n'ont aucune valeur sentimentale et si de plus ils ne fonctionnent pas, jetez-les immédiatement.

48 Éliminez le fouillis émotionnel : souvenirs sentimentaux

Des objets comme une photo de mariage doivent évoquer des souvenirs heureux pour que vous les gardiez.

Nous avons tous des objets chargés de souvenirs. J'appelle cela fouillis émotionnel : objets qui font vibrer nos cordes sensibles, lettres d'amour, fleurs séchées, photos jaunies par l'âge, une chanson, une robe, un vieux tapis, un livre ancien – quel prix a la sentimentalité ?

Il est impossible de décréter des règles à propos des objets qui ont une valeur sentimentale. Ces objets ont une vie propre et l'aura qui les entoure est intense. L'énergie qui leur est rattachée est vibrante, gardée vivante grâce à la pureté de l'amour qui en a pris soin.

Pourquoi devrait-on les jeter ? Nul besoin de le faire. Les objets qui ont une signification émotionnelle pour une seule personne de la maison sont néanmoins précieux en termes d'énergie qu'ils émanent. Gardez-les, ce sont des objets d'affection, d'amour et de dévouement, qu'il faut respecter simplement parce quelqu'un y est attaché.

Par contre, il faut se débarrasser du fouillis sentimental devenu obsolète. Les lettres d'amour des anciens petits amis maintenant mariés auraient dû être jetées depuis longtemps. La robe portée au bal de promotion qui s'est achevé par des larmes aurait dû être donnée il y a une décennie. Les photos jaunies des époques moins heureuses doivent aussi finir dans la corbeille à papier.

Choisir quoi garder

Si vous voulez garder des objets auxquels sont attachés de sentiments, choisissez des photographies des moments heureux, des vêtements vous rappelant des jours vibrants, des lettres de gens que vous aimez toujours, et jetez le reste. Toutefois, quand on garde trop d'objets de ce genre, ils tendent à perdre de leur signification. Si vous avez des doutes quant à un objet, gardez-le une année de plus, jusqu'à ce qu'il ne signifie vraiment plus rien. Puis jetez-le.

Ce processus de nettoyage est très thérapeutique, car en ressuscitent de vieux souvenirs. Les objets appartenant à une autre époque de votre vie vous font souvent considérer sous de nouvelles perspectives – vous vous étonnerez parfois de ce que vous avez ressenti il y a tant d'années. Lorsque les réalisations cathartiques de ce genre se produisent, c'est très curatif. Vous pouvez laisser dormir le passé et admettre que vous êtes prêt à avancer.

Liquider le fouillis éveille le chi 49

Liquider le fouillis est le meilleur antidépresseur. L'air usé et stagnant associé d'ordinaire au bric-à-brac pétrifié alourdit souvent le chi environnant, générant des vibrations suscitant la dépression. À chaque fois que je rencontre quelqu'un entraîné dans une spirale de dépression, je sais que cette situation est partiellement due à la lourdeur de l'énergie de son espace, qui l'accable.

Vaincre la dépression

Faire l'effort d'éveiller le chi de son espace de vie en déplaçant des objets – pas nécessairement du fouillis, mais des objets accumulés au fil du temps – réussit généralement à susciter le mouvement interne du chi, qui débouche sur une étonnante amélioration de l'état d'esprit. Une certaine légèreté commence à imprégner l'atmosphère, pareille à l'effet d'une heure d'exercice au gymnase. Liquider le désordre implique les dimensions physique et mentale du soi. C'est un difficile travail physique, mais qui s'avère aussi très relaxant. À mesure que s'empilent les sacs poubelle, on a l'impression qu'en libérant le chi environnant, on change d'humeur. La dépression s'envole par la fenêtre et un sentiment de renouvellement apparaît.

Liquider le fouillis et ranger ce que vous gardez allège le chi de votre maison.

S'accorder au processus de nettoyage 50

Il est important de s'accorder au processus de nettoyage. C'est une nouvelle orientation par rapport à une journée normale, où l'esprit reçoit un élan créatif bienvenu. Quand l'esprit se concentre sur le processus de débarras, il se met automatiquement en mode nettoyage. Autrement dit, ce que vous faites dans l'espace matériel qui vous entoure s'imprime dans le subconscient, si bien que l'accord au processus de nettoyage a plusieurs effets secondaires remarquables. Ainsi, en plus de se débarrasser des déchets de la vie et des pensées, le mental entre dans un mode organisationnel. Il s'accorde à ce qui peut être fait pour simplifier à l'avenir le processus de nettoyage – une certaine prise de conscience de l'espace s'installe.

À chaque fois que vous nettoyez le fouillis, vous le faites plus rapidement. L'ensemble du processus devient naturel, de plus en plus facile. L'important est de commencer car, une fois que vous en avez fait l'expérience, vous aurez envie de la refaire. C'est ainsi que le mental réagit, s'adapte et participe à toute activité bénéfique.

51 Écartez le fouillis qui bloque les portes

Gardez dégagées les entrées, des deux côtés des portes, et le chi de chance entrera sans encombre dans votre vie. Les projets se dérouleront sans heurts et les relations vous amèneront la joie associée aux envolées faciles.

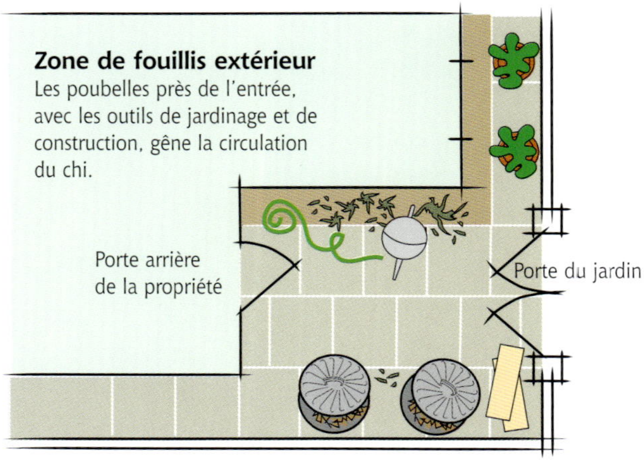

Types d'affliction des portes
La porte se trouve là où vous, votre esprit, l'esprit de votre espace et celui de votre maison entrent et sortent. Ce courant de chi ne doit pas être bloqué, affecté ou pollué.

Trajectoires bloquées. Si la trajectoire est bloquée, votre vie l'est aussi. Rien ne marche, les relations pataugent, les gens sont englués dans la routine de leur emploi. L'ascension professionnelle s'arrête. Si la voie d'entrée dans la maison est bloquée, les occasions disparaissent. Quand la voie sortant de la maison est bloquée, vous êtes emprisonné dedans. Votre vie sociale s'étiole. Vous perdez votre vitalité et énergie.

Entrées affligées. Le bric-à-brac s'empile au point d'empoisonner l'énergie de la porte. Les entrées ainsi affligées susciteront chez les résidants de la maison maladies, pertes d'argent et malchance à répétition. Elles sont susceptibles d'être attaquées par des flèches empoisonnées. Il est vital de se débarrasser de la source de ce genre d'affliction : dégagez les deux côtés de la porte et écartez le fouillis.

Protéger votre porte de l'énergie polluée

Une entrée peut être polluée par l'énergie qui s'est lentement accumulée et est devenue empoissonnée au fil du passage du temps ou qui a été contaminée par l'énergie venue via le mobilier, les gens faisant preuve de mauvais sentiments ou les objets achetés en toute innocence par les résidants. Les voies d'entrée sont particulièrement vulnérables à l'énergie négative entrante. Les experts du Feng shui conseillent toujours d'y placer des images de créatures célestes protectrices.

Beaucoup d'habitations chinoises ont encore actuellement des Chi Lin, des chiens Fu, des Pi Yao (ci-contre) et même des dieux traditionnels des portes devant leur entrée. Ceux-ci sont censés offrir une certaine protection contre l'énergie négative qui arrive. Si vous avez chez vous ces puissants symboles protecteurs, assurez-vous qu'ils ne sont jamais vaincus par une pile de fouillis placée près d'eux.

Par le passé, j'ai visité nombre de magasins dont les chiens protecteurs Fu, positionnés pour garder la porte, étaient littéralement enfouis sous une pile de cartons ou d'autres objets. Les propriétaires se demandaient pourquoi leurs fournisseurs les trompaient. Toutefois, dès que leurs entrées étaient dégagées des déchets accumulés, leurs problèmes avec les fournisseurs étaient aussi réglés.

Enlevez le fouillis bloquant les couloirs et les vestibules 52

Faites un effort particulier pour que l'accumulation de fouillis ne bloque jamais les vestibules et les couloirs de votre maison. Ils sont des conduits vitaux pour la circulation du chi, qui doit pouvoir se déplacer librement dans ces zones. Évitez de placer des tables ou des commodes dans les vestibules et les couloirs, pour éviter l'accumulation du fouillis. Ainsi, ces conduits vitaux d'énergie resteront nets et dégagés. Pensez aux couloirs et aux cages d'escalier comme à des veines et des artères qui permettent à l'énergie précieuse de circuler en vous.

Les vestibules ont besoin d'un bon courant énergétique, qui doit faire des méandres plutôt que circuler vite. Un meuble ou un tableau inspirant placé sur le palier aide le chi à faire une pause et à créer une ambiance calme et tranquille.

Pour favoriser la circulation du chi, gardez les vestibules bien éclairés, les murs et les tapis nets. La plupart du temps, ces endroits ne sont pas éclairés naturellement, si bien qu'on doit faire un effort conscient pour s'assurer que le chi de ces lieux n'est pas confiné.

Utiliser la lumière et la musique

Il y a quelque temps, j'ai visité une personne qui vivait à Londres, dans une maison très étroite. Directement en face de la porte d'entrée il y avait un escalier, près duquel courait un long couloir étroit. Ce vestibule – profond, sombre et mélancolique – était bloqué par un portemanteau placé près de l'escalier. Les nombreux manteaux accrochés là paraissaient y être depuis très longtemps. Cela me donnait la chair de poule.

La propriétaire était très solitaire. Elle avait assisté à l'une de mes conférences et j'avais été touchée par quelque chose dans son air de résignation et son expression vaincue. Je suis allée chez elle. En voyant sa maison, j'ai compris qu'il était facile de ramener la vitalité dans la vie de cette dame. Elle a accepté ma suggestion de se débarrasser du portemanteau encombrant, ainsi que des manteaux. Elle ne les mettait plus depuis longtemps, pourtant même au changement de saison elle ne pensait pas à les ranger. Elle les a donnés à l'œuvre de charité locale et, son vestibule dégagé, elle s'est immédiatement sentie mieux. Elle a disposé des lampes pour éclairer cette zone, puis y a placé un baffle pour fortifier l'énergie yang avec de la musique. Je lui avais dit que c'était là une excellente façon d'attirer plus de gens dans sa vie. C'était il y a quelque années. La dernière fois que je l'ai vue, elle travaillait à mi-temps pour un centre local de méditation bouddhiste. Sa vie sociale très remplie, elle était rayonnante et satisfaite.

53 Gérez le fouillis sur les tables

Faites régulièrement attention aux tables de votre maison. Pourquoi ? Parce que les tables se couvrent de bric-à-brac avec une incroyable rapidité. Les tables à café, les plans de travail de la cuisine, les bureaux, les dessus des placards, tous collectent du fouillis. Toute surface à la bonne hauteur invite à y placer sacs, courses, dossiers et enveloppes – il est absolument nécessaire d'arriver à garder les tables au moins raisonnablement dégagées.

Quand vous amenez une nouvelle table dans votre maison, décidez ce que vous mettrez dessus, sans attendre de voir ce qui s'y accumulera.

Tout ce qui est vide symbolise la pénurie

D'abord, faites la différence entre divers types de fouillis. Vous devez décider de ce qui doit être rangé ailleurs et de ce qui est à jeter. Je suis particulièrement sensible aux récipients vides. Les bouteilles, boîtes, tubes vides sont à jeter. Il y a peu de choses aussi nuisibles que les récipients vides placés sur une table. Ils symbolisent la pénurie et sont le contraire de l'abondance.

Définir la fonction des tables

Notez la fonction de vos tables. Y avez-vous placé des objets permanents, comme des photos encadrées, des lampes, des livres, des plantes ? La plupart des maisons ont ce genre de tables, souvent recouvertes d'une telle quantité d'objets qu'il n'y a plus de place pour quoi que ce soit de temporaire, comme les invitations. Une bonne approche est de choisir des objets décoratifs et de les arranger en bonne place sur votre table « permanente », sans laisser d'espace pour le fouillis. Tout objet temporaire ira sur une autre table.

La sagesse conventionnelle suggère qu'il n'importe pas vraiment si une table est très chargée si vous savez qu'il faut la ranger à l'occasion. Tant que l'énergie ne reste jamais stagnante dans une zone particulière, le fouillis ne sera pas présent assez longtemps pour devenir un problème grave.

J'aime placer sur mes tables des améliorateurs de Feng shui qui attirent la chance dans les diverses parties de ma maison. Mes tables sont assez chargées, mais je les garde nettes et rangées.

Il est meilleur de disposer de bols en terre, qui attirent un chi abondant.

Gardez la cuisine nette, car le fouillis est mauvais 54

L'accumulation du fouillis dans la cuisine peut s'avérer assez dangereuse, car la mauvaise énergie risque d'imbiber la nourriture que vous consommez. Les plats cuisinés ne sont pas aussi susceptibles d'absorber le chi yin (qui cause la maladie) que les aliments crus, qui sont déjà yin. Si vous êtes du genre salade et sandwiches, assurez-vous que la cuisine est raisonnablement libre d'énergie yin (émise par le fouillis).

Revitalisez votre cuisine

Vous devez libérer la cuisine aussi souvent que possible pour éviter cette accumulation nuisible de chi yin. Voici quelques méthodes :

Nettoyez le réfrigérateur. Faites-le une fois par mois, pour que les restes ne pourrissent pas dedans. Faites de même pour les placards où vous rangez les provisions. Par exemple, les gens oublient souvent les conserves, jusqu'à ce qu'elles soient périmées. Il en est de même pour les sauces exotiques et les assaisonnements qui se gâchent dans des bouteilles et des récipients à moitié ouverts.

Vérifiez la vaisselle. Dans la cuisine, tout le fouillis est mauvais et doit être jeté. Dans cette catégorie entrent non seulement les aliments périmés, mais aussi les assiettes, les tasses et les bols ébréchés. Les poêles et les casseroles ne durent pas non plus à l'infini. On doit les remplacer. N'achetez pas une nouvelle poêle en gardant l'ancienne toute rayée ou la cafetière usée que vous avez déjà remplacée par un nouveau modèle.

Vérifiez les poubelles. Jetez régulièrement la poubelle, la litière du chat et nettoyez l'aquarium des poissons rouges. J'ai vu des cuisines sales et en désordre qui ont ruiné plus de mariages et causé plus de chagrin que je ne peux le dire. De toutes les pièces de la maison, c'est la place la plus vulnérable à l'accumulation de l'énergie yin. Tout le fouillis qui s'y trouve est mauvais, débarrassez-vous en.

Une cuisine vraiment propre et ordonnée garde en échec l'énergie yin.

55 Il faut ranger les armoires tous les ans !

Votre armoire doit être une source de joie et d'inspiration puisque vous vous y plongez tous les matins pour vous préparer à la journée qui commence. Je préfère de loin les vêtements qui me plaisent et qui me vont bien, dans des couleurs, coupes et styles que j'aime, quel que soit le moment.

Hélas, pour la plupart des gens c'est là une situation idéale. Beaucoup remplissent leurs armoires de vêtements qu'ils n'aiment pas et portent rarement ou qui ne leur vont pas. J'ai mis trente-cinq ans à m'en guérir.

C'est seulement quand j'ai déménagé que j'ai réalisé quelle quantité de choses était dans mes armoires. Je quittais Hong Kong pour rentrer en Malaisie et les transporteurs étaient venus m'aider à empaqueter. Mes vêtements seuls occupaient la moitié d'un container. J'ai regardé consternée des robes depuis longtemps oubliées, des tailleurs que je pensais avoir jetés, des accessoires, foulards, ceintures et chaussures. J'ai découvert que je m'accrochais à des choses que j'avais écartées avec mépris, sans pour autant m'en débarrasser.

La règle des quatre-vingt/vingt

Depuis lors, je me force de nettoyer mes armoires au printemps. J'ai donné environ 20 % de ma garde-robe – vêtements, chaussures, sacs et accessoires – pour faire place à de nouvelles choses.

Je fais attention, je n'achète plus que des vêtements et des accessoires que j'aime, dans des couleurs que je suis sûre de porter, dans des tailles qui m'iront aussi l'année prochaine et dans des coupes qui me font me sentir à l'aise. J'achète seulement la moitié des vêtements dont je pense avoir besoin. Et je n'achète jamais en double, même si j'aime beaucoup le style. Mon armoire est bien plus petite, ce qui en facilite le rangement. Pourtant, j'ai toujours quoi me mettre.

Choisissez quelques vêtements qui vous vont, au lieu de choses que vous ne porterez jamais.

Traitez les chambres comme des espaces sacrés 56

Gardez votre chambre à coucher nette, pour jouir d'un sommeil paisible et reposant. Traitez cette zone comme un espace sacré, car c'est là que vous passez vos moments de sommeil. C'est là que vous quittez le monde conscient et pénétrez dans une autre dimension. C'est là que vous rêvez et vous laissez aller. C'est là que vous vous reposez, à l'abri du monde. Entretenez le caractère sacré et spécial de cet espace.

L'énergie de la chambre à coucher ne doit pas contenir du chi hostile, négatif, usé, nuisible – jetez les objets qui gâchent l'énergie. Disposez là uniquement des objets que vous aimez, avec lesquels vous vous sentez dorloté et beau.

La chambre à coucher doit être claire, dégagée et confortable.

Astuces pratiques

1. Ne rangez pas des vêtements sur des étagères hautes dans la chambre à coucher. Ils génèrent une lourdeur au-dessus du niveau où vous dormez. Rangez votre garde-robe d'hiver dans un débarras et gardez vos valises dans une autre pièce.

2. N'y gardez pas l'équipement de sport, les vélos et les miroirs muraux.

3. Assurez-vous que le fouillis lié au travail n'envahit pas la chambre à coucher. N'y placez pas un bureau, pour éviter que le fouillis s'y empile. Laissez dehors les ordinateurs et les téléphones. Les enfants doivent avoir une chambre réservée à l'étude, de préférence à un bureau dans leur chambre. Si la maison n'a pas assez de chambres, essayez de placer le bureau assez loin du lit, pour que le fouillis qui le recouvre n'affecte pas l'enfant qui dort.

4. Mettez tout vêtement sale dans une corbeille spéciale. Rien n'est plus yin que les vêtements sales. Cette énergie imprègne rapidement toute pièce.

5. Ne rangez pas du bric-à-brac sous le lit, au-dessus ou à côté de lui. Gardez le lit toujours propre.

6. Écartez tout fouillis des portes, pour qu'elles s'ouvrent et se ferment facilement.

7. N'accrochez jamais des tableaux problématiques sur les murs de la chambre à coucher. Lisez le chapitre sur l'art pour être sûr de ne pas placer ici quelque chose attirant la malchance.

8. Gardez les fenêtres dégagées. Les rideaux peuvent rester ouverts ou fermés la nuit, mais il est conseillé de laisser entrer la lumière le jour. Rien n'apporte une meilleure énergie yang que le soleil matinal.

57 Donnez le bric-à-brac des débarras, greniers, et caves

Liquider le bric-à-brac devient un exercice global quand vous vous débarrassez systématiquement de celui caché dans les débarras, greniers et caves.

Quatre types de fouillis à laisser aller
Vous trouverez beaucoup d'objets à jeter dans ces zones de rangement. Voici quatre zones pour commencer – arrangez-vous pour que votre esprit laisse aller le fouillis et mettez-vous au travail.

Objet cassé inutile : à jeter.

Collections. Elles vont du sublime au ridicule – éventails, canards en plastique, boîtes d'allumettes, jouets, chevaux sculptés, grenouilles en céramique, timbres et pierres. Pratiquement tout type de collection à laquelle on peut penser a été réalisé par quelqu'un, quelque part. Si vous possédez une collection qui n'est plus exposée dans le séjour et qui a été rangée dans le grenier ou à la cave, vous avez avancé. Ces objets n'ont plus grande importance pour vous, pourquoi ne pas les donner à quelqu'un qui en sera ravi ? Si vous les rangez, leur énergie stagnera.

Les livres et les revues font décliner l'énergie, car ils représentent une information obsolète – débarrassez-vous en sur le champ.

Les photographies sont un troisième type de fouillis. Prenez le temps de les trier. Jetez celles qui vous rappellent de mauvais souvenirs ou des émotions négatives. Gardez seulement celles qui amènent un sourire sur votre visage. Placez-les dans de nouveaux cadres, offrez-leur une énergie fraîche pour qu'elles deviennent une source de force et d'amour. Les photographies font partie de votre famille. Transformez ceux que vous gardez en choses vraiment précieuses.

Appareils en panne. Tout ce qui ne fonctionne pas doit être jeté. Débarrassez-vous des chaînes stéréo, radios, téléviseurs, ordinateurs, équipements de sport, sèche-cheveux, tondeuses à gazon, pièces auto, boîtes, bouteilles et autres récipients dont vous n'avez pas besoin.

Il est impossible d'énumérer tout ce que vous devez jeter. Dans toute vie il y a des présents non désirés, de choses qu'on n'aime pas, des appareils en panne qu'on garde par culpabilité ou dans l'espoir qu'ils pourront être réparés un jour. Mais, croyez-moi, si vous ne les aimez pas aujourd'hui, si vous n'en avez pas besoin, vous ne l'aimerez jamais ni n'en aurez besoin.

Tourner la page

La collection de National Geographic de mon père, soigneusement reliée au fil des ans, a bloqué l'énergie de ma mère longtemps après qu'il soit décédé. À chaque fois qu'elle la voyait sur les étagères, elle se sentait si coupable que la seule solution était de l'aider à s'en séparer. Après cette séparation, ma mère est sortie de sa spirale de dépression et a retrouvé sa vitalité.

Nettoyez les porte-monnaie et les sacs à main 58

Se débarrasser des objets inutiles pour accroître l'espace qui vous entoure ne suffit pas si vous ne jetez pas aussi tout le fouillis de vos sacs. Le sac à main d'une femme est le dernier bastion des reçus, fiches de carte bleue, cartes de visite, bouts de papier, clés, vieux bâtons de rouge à lèvres, bloc-notes, stylos, crayons, souvenirs personnels, lettres et photographies. Au cours d'une seule semaine, un sac à main peut se remplir d'une formidable collection d'objets divers.

C'est une excellente idée de vider votre sac une fois par semaine pour trier son contenu. Je le fais et je suis toujours étonnée de ce que je peux y trouver. Récemment, j'ai eu besoin de sacs encore plus grands. Avec le téléphone mobile et les assistants personnels, l'organisation de la vie s'est compliquée à cette époque de haute technologie. Pour beaucoup, l'assistant personnel n'a pas remplacé l'agenda. Nous avons toujours besoin de ces systèmes personnels pour garder trace de nos activités.

Nettoyez donc votre sac régulièrement. Débarrassez-vous des billets sales et ne laissez pas la monnaie s'accumuler.

Pour attirer la richesse, débarrassez votre portefeuille ou votre porte-monnaie des vieux tickets, notes et papiers inutiles.

Un porte-monnaie rouge pour la prospérité

Un sac propre est très propice. La meilleure couleur pour un porte-monnaie est le rouge vif, qui le garde constamment énergisé de chi yang. Placez-y trois pièces de monnaie liées avec une ficelle rouge pour attirer l'argent, et ne laissez jamais votre porte-monnaie être pollué par des billets sales. Si vous le pouvez, gardez un billet de banque venant de la poche d'une personne riche, qui créera pour vous une énergie de richesse.

Effacez les fichiers inutiles de votre ordinateur 59

La libération de votre mental et de votre espace doit toucher aussi votre ordinateur, qui emmagasine tellement de choses inutiles ces jours-ci.

Prenez l'habitude de nettoyer régulièrement votre ordinateur. Il fonctionnera ainsi mieux et sera en meilleur état. Par exemple, 90 % de vos e-mails sont à jeter généralement. Effacez-les, ne les placez pas simplement dans la corbeille. C'est comme mettre des débris indésirables dans le grenier où à la cave jusqu'à ce que vous ayez le temps de les jeter.

Une fois par mois, passez environ une heure pour effacer les images, fichiers, e-mails inutiles. C'est bon pour votre ordinateur, ainsi que pour vous, car vous effacez symboliquement des informations non désirées et libérez de l'espace dans votre cerveau. N'oubliez pas que ce faisant vous élargissez les principes de la liquidation du désordre aux outils du XXIe siècle.

60 Gardez votre bureau dégagé

Votre bureau doit être net et raisonnablement rangé. Si votre style de travail impose des piles de dossiers et de papiers sur votre bureau, assurez-vous au moins que cette montagne de documents n'est pas placée directement devant vous, bloquant votre vue. Cela ne fera qu'entraver votre vision du travail. Ne la placez pas non plus directement derrière vous, car vous vous sentirez accablé par le travail. Gardez de préférence les dossiers et les documents à votre gauche, afin de stimuler le chi dragon.

Rangez votre bureau, mais faites attention aux étagères qui assumeront le fouillis. Leurs bords créent aussi des « flèches empoisonnées », type de chi négatif.

Les tiroirs du bureau se remplissent aussi d'une diversité d'objets qui traversent la vie quotidienne d'une personne. Ne les laissez pas étouffer votre carrière. Un bureau encombré générera des obstructions dans votre vie professionnelle. Maintenez de préférence le chi en mouvement, surtout le chi du bureau. Ne laissez rien stagner. Si vous avez des fleurs fraîches sur votre bureau, par exemple, changez l'eau tous les jours et jetez les fanées, car il n'y a rien de plus nuisible pour une carrière professionnelle que des fleurs en train de mourir.

Réduisez au minimum les objets décoratifs sur votre bureau : photographies encadrées, cristaux, porte-plume, améliorateurs Feng shui. Si ces objets menacent de déborder, il n'y aura plus d'espace pour de nouvelles occasions.

Gardez les livres, les agendas et les dossiers à gauche de votre siège pour activer le chi dragon énergisant.

Les femmes doivent garder les objets importants dans le tiroir de gauche.

Les hommes doivent garder les objets importants dans le tiroir de droite.

Plus de concentration pour détecter le chi négatif 61

Avec quelques efforts, vous arriverez à développer la sensibilité à l'énergie négative. Ce sera d'abord ardu, puis la prise de conscience s'élargira. Assez rapidement, vous ferez la différence entre divers types de négativité pour déterminer si celle-ci est hostile, apathique ou malade.

Le développement de votre conscience de l'énergie dépend de la capacité de concentration qui rend attentif aux dimensions parallèles de l'existence. Si on ne fait pas preuve d'un fort désir de maîtriser le mental et d'écarter la distraction, il est difficile de se concentrer, même pour quelques minutes.

L'énergie négative est plus facile à détecter que l'énergie positive. Elle génère des émotions indésirables et fait remonter à la surface de mauvais souvenirs. L'énergie négative engendre pratiquement toujours des sentiments de mécontentement et d'insatisfaction. L'influence de l'énergie environnante sur la façon dont on agit et on réagit aux gens est très puissante ; quand on transforme systématiquement l'énergie négative de son espace de vie en énergie positive, on allège ses maux et on apaise les sentiments qui rendent malheureux.

Si vous avez du mal à vous concentrer, essayez de regarder la flamme d'une bougie et de fixer le mouvement de la flamme. Cette action intensifiera votre réceptivité. Éteignez la bougie, puis essayez l'exercice décrit ci-dessous.

Comment s'accorder à son environnement

1. Commencez par fermer les yeux et imaginez que vous écartez toutes les distractions visuelles. Concentrez-vous sur l'énergie invisible qui vous entoure. Quand des pensées s'imposent, repoussez-les doucement ou laissez-les s'éloigner comme des nuages, en les ignorant.

2. Laissez votre subconscient plus réceptif percevoir les subtiles variations de l'énergie dans l'espace, dont votre mental n'est pas encore conscient. Laissez-les pénétrer dans le mental depuis le subconscient quand vous êtes en un état de concentration consciente.

3. Notez les modifications subtiles d'énergie, d'abord par vos changements d'humeur. Êtes-vous irritable, impatient, furieux, déprimé ou serein ? Percevez quelle humeur votre environnement suscite en vous. Sentez l'énergie de l'espace.

4. Ouvrez les yeux et prenez mentalement note de vos sentiments durant le processus d'accord. Si vous les aimez, notez-les dans un journal, avec la date, qui sera une référence utile lorsque vous procédez au débarras et quand l'énergie de vos espaces se transforme.

62 Neutralisez l'énergie négative avec un chi frais

L'énergie négative est mieux neutralisée si une énergie fraîche arrive dans un espace de vie. L'énergie fraîche jeune, pleine de vitalité, gardera le chi de la maison fort et en constante croissance.

Faire venir le chi frais

Les maîtres taoïstes chinois soulignent toujours que la relation du yin et du yang doit être évaluée selon leur force et vigueur respectives. Il est important de se rendre compte si l'énergie yang est jeune ou vieille, afin de faire la différence entre le yang fort et le yang de dissipation. L'énergie yang sur le déclin est épuisée – en absence de revitalisation, elle se transformera en yin.

Changez de place vos meubles au moins une fois par an, pour maintenir le chi en mouvement. Je le fais deux semaines avant la nouvelle année chinoise (début février) ; faites-le avant le jour de l'an ou durant les fêtes de Noël. Lorsque je me mets à réarranger ma maison, la force que je sens circuler dans mon corps est fabuleuse. En plus de nettoyer de fond en comble votre demeure, effectuez les rituels et les cérémonies de purification qui vous plaisent, car les modifications positives des forces immatérielles qu'ils génèrent fortifieront l'énergie de votre maison.

Redécorez votre maison tous les trois ou quatre ans. Parfois, il suffit de nettoyer et de repeindre les murs. D'autres fois, des rénovations plus importantes doivent être entreprises, en fonction de la trajectoire des étoiles volantes (voir Astuces 11 à 14) : placer un jeu d'eau dans un certain coin, transformer la porte en fenêtre ou élargir une pièce où se montre un chi favorable. Après une rénovation Feng shui bien planifiée, la maison laisse une très bonne impression. Le chi frais se précipite dans la maison, ce qui a un effet yang très revitalisant.

La lumière et la couleur baignent une maison d'énergie jeune et fraîche. Faites attention aux fenêtres, qui font aussi entrer une énergie yang générant de la vitalité dans votre espace de vie.

L'énergie réprimée et enfermée 63

L'énergie négative peut être réprimée si elle est piégée dans des habitations et des bureaux situés dans des immeubles dont les fenêtres et les portes sont rarement ouvertes pour aérer.

Sous les climats tropicaux, où les gens vivent généralement dans des maisons climatisées, voyagent dans des voitures climatisées et travaillent dans des bureaux climatisés, certaines ne respirent jamais de l'air frais. Avec le temps, à force de respirer jour après jour un air stagnant, ils tombent malades s'ils ne font pas d'exercice. Ils ont grandement besoin de chi frais.

Les fenêtres larges font entrer l'énergie yang. Celle-ci sera cependant étouffée par le yin du tapis épais qui engendre un sentiment de claustrophobie lorsque les fenêtres sont fermées.

Respirer un chi yang est un luxe pour les citadins

Dans les pays tempérés, les maisons sont hermétiquement fermées pour se protéger contre le froid intense des mois d'hiver. Le résultat est identique. Le chi de ces maisons est recyclé et elles ont besoin d'une énergie fraîche. Ce problème affecte les citadins : au cours des cinquante dernières années on a vu apparaître toute une nouvelle gamme de maladies causées par le fait que les gens vivent dans des espaces excessivement yin.

Accordez-vous au chi de votre espace de vie ou de travail. Vérifiez s'il y a eu trop de recyclages de l'air usé en ces lieux. Ouvrez les portes et les fenêtrez et percevez la modification instantanée de l'énergie. Cette action simple, permettant l'entrée du vent et de l'air frais, a un extraordinaire effet revitalisant. Revitalisez ainsi les espaces fermés au minimum une fois par mois, sinon plus. Dans une zone donnée, il vous faudra au moins deux ouvertures (portes ou fenêtres) pour créer un courant de chi. Une seule porte ouverte n'amènera pas le chi de l'extérieur. Vous devez faciliter cette circulation de l'énergie et vous sentirez alors les brises douces insuffler une nouvelle vie à votre habitation.

Préférez la matinée, avant que votre environnement soit pollué.

64 Écartez le chi négatif venant du voisinage

Beaucoup de gens sont affectés par le chi négatif venant de l'appartement voisin ou de celui situé de l'autre côté du couloir. Quand vous avez des voisins sympathiques et amicaux, l'énergie qui vient vers vous est positive et fortifiante ; s'ils sont inamicaux, cette énergie sera négative. Si les voisins vous envoient régulièrement du chi négatif, vous risquez d'y succomber – vous devez vous accorder à lui, déterminer son type et prendre des mesures pour le dévier ou le dissiper.

Gérer le chi hostile

Le chi hostile du voisinage peut être celui relativement inoffensif du bavardage et de l'envie mesquine ou, tout simplement, un chi gênant. Si votre voisin a, par exemple, une maison pleine d'enfants qui crient, perturbent votre repos, cassent vos affaires et vous dérangent par leurs jeux bruyants, il est facile de surmonter ces ennuis. Placez une grande vasque (à large ouverture et à base étroite) remplie d'eau entre eux et vous.

Le miroir. Si l'énergie qui est dirigée vers vous est amère, haineuse ou sinistre, neutralisez-la avec des remèdes plus efficaces. Pendant des siècles, les Chinois ont utilisé un miroir rond entouré par des trigrammes disposés selon la forme du symbole Pa Koua yin. Ce remède puissant et dangereux fait rebondir l'énergie mauvaise et la multiplie par mille. Il n'est toutefois pas nécessaire de recourir à de telles extrémités – utilisez un miroir rond d'environ 30 cm de diamètre. S'il y a du fouillis près du mur (ou de la palissade) que vous partagez avec le voisin, enlevez-le. Quand vous gardez en bon état le conduit du chi circulant entre vous et votre voisin, quand le mur (ou la palissade) qui vous sépare est décoré de belles images, du genre cœurs et oiseaux, vous constaterez qu'une grande transformation prend place. L'hostilité se transformera en amitié.

L'eau immobile est yin. Si vos voisins sont bruyants, placez une vasque remplie d'eau près du mur mitoyen pour absorber le son.

Le remède de la clochette

Accrocher des clochettes de façon à ce qu'elles traversent la séparation entre vous et votre voisin disperse efficacement l'énergie négative qui arrive. Vous risquez cependant d'accroître ainsi tout chi chamailleur existant. De même, quand des aspects chamailleurs de l'Étoile volante sont présents, les clochettes peuvent aggraver les choses. Je préfère utiliser le miroir, associé à une vasque d'eau calme.

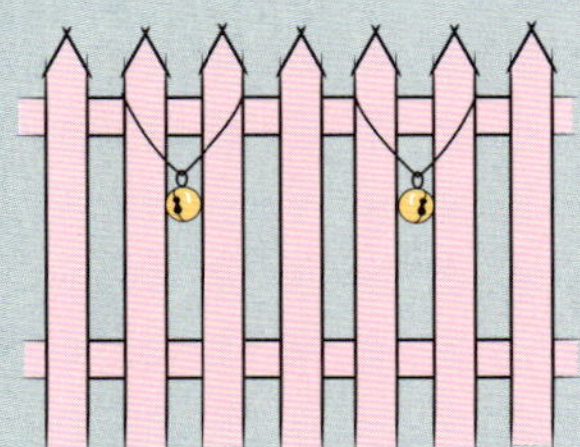

Se débarrasser du chi des occupants précédents 65

Un autre type d'énergie négative est laissé par les occupants précédents d'une maison. Avant de signer un bail, si court soit-il, informez-vous sur les occupants précédents.

Chi et maladie

Le chi négatif s'attarde dans les maisons précédemment occupées par des personnes malades, surtout en cas d'affections létales ou mentales, qui génèrent un chi très mal en point. Les murs, les planchers, les plafonds retiennent des vestiges d'attitudes, de malheurs et de douleurs qu'il faut dissiper pour que la nouvelle énergie puisse entrer.

Chi et colère

Le chi négatif coléreux et agressif peut aussi subsister après le départ d'occupants précédents dont la vie a été rongée par la colère, l'amertume et la violence. Ces intenses émotions ont été absorbées par les murs et les plafonds. Parfois, ceux-ci en sont si imprégnés qu'aucun travail de peinture ne peut éliminer ces effluves émotionnels. C'est le cas lorsqu'une maison a été fermée longtemps, surtout si ses tentures sont lourdes et ses murs sombres. Le chi yin capture et emmagasine parfaitement l'esprit de colère et de malheur.

Quand le chi négatif s'est infiltré de cette manière dans l'esprit d'une maison, il doit être chassé. Le processus est simple, n'importe la force de cette énergie négative subsistante.

De puissantes techniques de purification spatiale ainsi que des remèdes accessibles à tous écartent les vieilles énergies négatives. Ils impliquent l'utilisation d'objets métalliques, dont clochettes, cymbales et bols chantants. Lorsqu'ils sont façonnés de sept métaux différents, représentant les sept chakras du corps humain, ces instruments de purification de l'espace dispersent totalement l'énergie négative. Cherchez ce genre d'ustensiles et apprenez les différentes méthodes de les frapper pour que leurs sons absorbent la négativité. Ce sont les harmoniques du métal sur bois, ainsi que celles du métal sur métal, qui les rendent si puissants.

Quand vous cherchez une nouvelle maison, vérifiez les signes de négligence, comme la peinture écaillée. Ne vous laissez jamais impressionner par l'histoire d'une maison, mais soyez préparé à effectuer les rituels de purification de l'espace pour disperser l'ancienne énergie négative.

66 Remèdes pour les gens vivant près d'un cimetière

Si votre demeure est située près d'un cimetière, purifiez-la régulièrement avec de l'encens. Ce geste est aussi une offrande aux esprits errants traversant votre habitation. Vous avez ainsi la certitude qu'ils ne déséquilibrent pas les champs énergétiques de la maison. Les maisons situées près des cimetières sont vulnérables à la formation d'un esprit yin, affliction suscitant souvent la maladie chez les enfants ou chez les personnes affaiblies.

Les Chinois sont très sensibles à ce genre d'affliction, qu'ils combattent par la purification grâce à l'énergie feu, avec de l'encens et de la fumée. La fumée de l'encens parfumé placé sur les charbons ardents est censée éloigner les esprits de la maison.

Parcourez toutes les pièces dans le sens des aiguilles d'une montre avec de l'encens allumé dans un récipient. La fumée aide à écarter des occupants de la maison le chi de maladie. Répétez trois fois. Si vous connaissez des mantras sacrés, psalmodiez-les en même temps.

La flamme d'une bougie attire aussi l'énergie yang. Faites passer doucement trois bougies allumées (les rouges sont les meilleures) par la porte d'entrée de votre maison, dans le sens des aiguilles d'une montre. Répétez trois fois. Levez-les au-dessus de votre tête trois fois, puis descendez-les jusqu'en bas de la porte trois fois.

Si votre maison se trouve juste à côté du cimetière, peignez le mur mitoyen en rouge pour équilibrer l'énergie de cet endroit.

67 Remèdes pour les gens vivant près d'un hôpital

La fumée de l'encens absorbe le chi yin associé à la maladie.

Si vous vivez près d'un hôpital, vous êtes proche des esprits yin. Le chi yin des malades et des mourants s'accumule dans les hôpitaux, ce qui nuit aux demeures yang voisines. Ce genre de chi sape la vitalité d'une maison. On affirme que même les immeubles locatifs bâtis sur un terrain où il y a eu un hôpital sont affligés par l'énergie subsistante de celui-ci. Cette énergie yin suscitera des problèmes et des maladies chez les résidants.

Je connais quelques riches Malais et au moins deux millionnaires de Hong Kong qui ont acheté de superbes appartements à Londres, dans le quartier de Kensington. Le terrain sur lequel avait été bâti cet immeuble avait été occupé autrefois par un hôpital. Les résidants que je connaissais ont eu des problèmes considérables avec leurs investissements en Grande-Bretagne et sont tombés malades.

L'énergie feu, sous la forme de fumée d'encens, absorbe le chi yin et le dissipe, neutralisant ainsi le yin émanant des hôpitaux ou des terrains qu'ils occupaient, des postes de police, des abattoirs et d'autres endroits où sont présentes la mort, la maladie et l'énergie létale. Beaucoup de Chinois se servent de la fumée d'encens tous les vendredis soir, juste après le coucher du soleil. Une solution plus permanente est d'éclairer bien la maison. Peindre en rouge vif le mur faisant face à la source d'énergie yin est aussi un remède efficace.

Protection contre un bâtiment pesant 68

L'énergie négative peut aussi émaner des bâtiments très grands faisant directement face à la façade de votre maison. Dans cette situation, la puissance de la force vitale du bâtiment submerge la vitalité de votre maison. L'effet est similaire à celui d'une montagne située à moins d'un kilomètre devant la maison, situation désignée jadis par l'expression « affronter la montagne », ce qu'aucune personne saine d'esprit n'aurait osé entreprendre. Dans le paysage urbain, l'énergie des bâtiments est considérée comme similaire à celle des montagnes, bien qu'elle soit infime par comparaison. Les bâtiments sont relativement « jeunes », alors que les montagnes renferment le chi accumulé au fil de dizaines de milliers d'années.

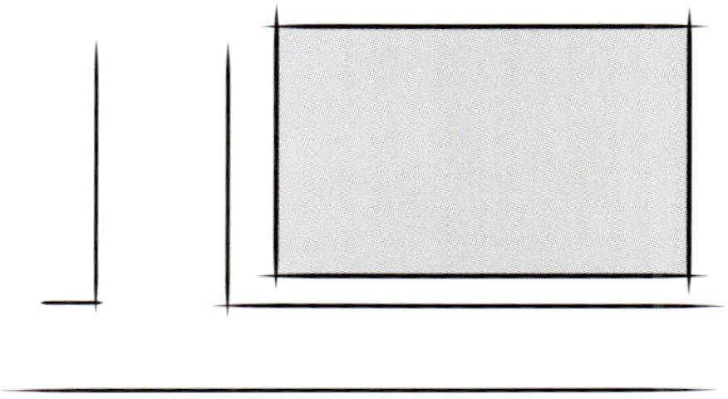

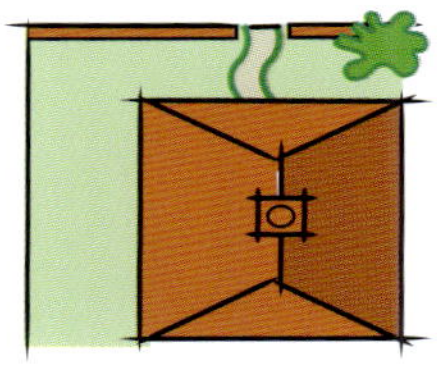

Si votre maison est opprimée par un bâtiment plus grand, utilisez des arbres et un chemin sinueux pour diminuer le déséquilibre énergétique.

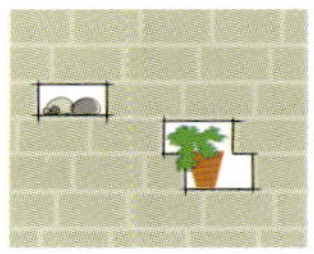

Si votre maison est dans l'ombre d'un grand bâtiment pesant, dissipez l'énergie se précipitant vers elle en intercalant des espaces décoratifs dans votre mur.

Remèdes pratiques

Bien que l'effet tangible d'un bâtiment situé devant sa maison soit similaire à celui d'une montagne se trouvant au même endroit, le chi négatif qui y émane est facile à neutraliser. Le Feng shui conseille souvent l'utilisation d'un miroir. Par ailleurs, on peut exploiter l'énergie du bâtiment au lieu de la combattre. Si possible, changez l'orientation de votre maison, pour que le bâtiment puisse servir de support à sa partie arrière. Si ce n'est pas possible, édifiez un mur épais devant le bâtiment et accrochez-y un collier de carillons éoliens, de clochettes (voir Astuce 64) ou d'autres objets métalliques, qui diminueront et ralentiront le chi venant de là vers votre maison. Intercalez quelques ouvertures dans le mur, pour que le chi qui traverse la route ralentisse et se faufile dans votre maison à petites doses.

Les carillons éoliens et les clochettes sont excellents pour contrôler l'énergie des montagnes. Ils sont aussi très efficaces pour l'emporter sur le chi négatif émanant du bâtiment. En protégeant et en entretenant l'énergie de votre maison, ne soyez pas intimidé. Si vous avez des doutes, adoptez une posture de soumission plutôt qu'une de confrontation. Cette attitude est excellente pour pratiquer le Feng shui.

69 En cas de maladie, faites appel au chi métal

L'affection apparue dans la maison est très souvent due aux forces immatérielles des étoiles de la maladie. Celles-ci frappent d'ordinaire les enfants de moins de 12 ans ainsi que les personnes âgées de la famille, qui sont plus faibles et donc plus vulnérables aux changements énergétiques. Si les membres de la famille tombent malades, le meilleur remède est le métal, particulièrement le bruit métallique.

Voilà pourquoi les bols chantants de Katmandou ont une telle valeur. Lorsqu'ils sont correctement façonnés en sept métaux différents, ces bols résonnent et produisent des harmoniques extrêmement efficaces à l'absorption du « chi de maladie » d'une maison. S'en servir exige de la pratique. Pour commencer, investissez dans un bol chantant de très bonne qualité, de préférence petit. Les harmoniques des petits bols sont plus aigus, dans une octave plus élevée. Certains préfèrent cependant les sons plus graves des grands bols. C'est à vous de choisir en fonction de vos goûts, car les deux dissipent efficacement le chi de maladie.

Chez moi, j'utilise des bols chantants façonnés en sept métaux et des bols chantants en cristal (fabriqués en Allemagne). Je trouve ces derniers excellents pour stopper et limiter la contamination des résidants de la maison. Si vous préférez les clochettes, les meilleures sont celles façonnées en sept métaux. Une clochette dont le battant est en métal sera très puissante.

Purifier avec un bol chantant

Parcourez la pièce trois fois, dans le sens des aiguilles d'une montre, en frappant le bol chantant ou en frottant son bord avec un maillet en bois. Le bol chantera et créera ainsi une force vibratoire qui purifiera l'air du chi de la maladie. Si vous avez du mal à faire chanter le bol, frappez-le seulement de temps à autre, et laissez les sons émis se prolonger avec grâce. Continuez à générer ce son métallique. Dans l'espace de quelques minutes, vous sentirez que la pièce devient plus claire et lumineuse.

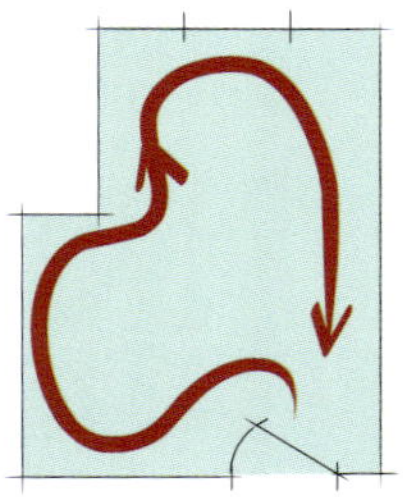

Bols chantants pour la guérison

À mesure que vous purifiez la maison, parcourez les chambres des malades pour les purifier autant que possible. La maladie est provoquée entre autres par le fait de dormir dans une chambre infestée d'énergie malade émanant des vêtements, de l'atmosphère et du bric-à-brac.

Utilisez le bol chantant pour purifier l'énergie de la pièce où une personne se remet après une grave maladie. Ce rituel allégera la douleur des affections physiques. Il est important d'effectuer ce rituel durant la convalescence.

Que faire après la perte d'un proche 70

En cas de décès, vous devez purifier la pièce occupée par le défunt avant et pendant son agonie. Intensifiez le processus de purification avec le son d'un bol chantant.

Lorsque la mort a été provoquée par la maladie, faites enterrer ou incinérer avec le corps un objet ayant appartenu au défunt, pour dissiper symboliquement les maux. Une purification rituelle de l'espace occupé par le défunt a lieu après des funérailles bouddhistes ou chinoises. Les moines y font des offrandes et récitent des prières particulières. Des amis taoïstes m'ont expliqué que le son des clochettes et le bruit des cymbales durant la cérémonie des offrandes purifient l'air et changent l'atmosphère.

Faites brûler en même temps un peu d'encens. Choisissez soigneusement le parfum. Utilisez de l'encens de bonne qualité. Le pouvoir purificateur d'un bon encens est très grand. En cas de doute, brûlez de l'encens de santal.

Vos outils :
* Clochettes pour générer de l'énergie métal.
* Fumée d'encens pour créer de l'énergie feu.

Purifiez la pièce précédemment occupée par la personne qui vient de mourir en la parcourant trois fois avec les clochettes ou les bols, puis trois autres fois avec l'encens. Le chant des mantras au cours de la purification ajoute à l'efficacité du rituel. Les mantras et les prières accompagnant le rituel de purification sont personnels. C'est à vous de décider si vous voulez les ajouter ou non.

Trésors pour la vie future

Enterrer les biens personnels avec le mort fait partie de la tradition chinoise. Les familles riches placent souvent dans le cercueil des bijoux, des vêtements et des livres particuliers et souvent du jade – surtout une cigale en jade, qui aide le défunt durant son voyage vers le paradis. Ce rituel est pratiqué même quand le décès n'est pas la conséquence d'une maladie. Si on pense aux excès de l'empereur qui a été enterré avec toute une armée de soldats en terre cuite, il est évident que l'acte de prendre ses possessions avec soi dans l'autre monde est symbolique. Je trouve cela fascinant, particulièrement si on pense aux trésors enterrés avec les pharaons et les dignitaires égyptiens.

71 Purifier l'énergie après un décès

Quand un décès vient de se produire dans une maison, il est très re-énergisant d'achever le rituel de « purification » avec de l'eau solarisée. Au septième jour, après la purification rituelle avec des clochettes et de l'encens, nettoyez soigneusement toute la maison avec de l'eau solarisée (eau qui a été exposée au soleil du matin pendant au moins trois heures). Les Chinois gardent des vasques remplies d'eau à l'extérieur, pour que l'eau absorbe l'énergie du soleil, de la lune, du vent, de l'air et de la pluie. À notre époque, quand on tire son eau du robinet, la laisser dehors pendant un moment permet l'évaporation des substances chimiques toxiques, comme le chlore. Ce processus adoucit aussi l'eau, la rendant excellente pour toutes sortes d'utilisations, dont la purification de la maison.

Utiliser de l'eau solarisée

Quand vous nettoyez votre maison avec de l'eau solarisée, assurez-vous que le plancher en est recouvert. Ceci est valable uniquement pour le rez-de-chaussée. L'eau énergisée par le soleil s'infiltrera dans la fondation de la maison, la revitalisant et la purifiant de toute énergie létale subsistante. Si vous vivez en appartement, ce rituel sera inefficace. Dans ce cas, utilisez une serpillière plongée dans l'eau solarisée.

En Chine, la purification symbolique après un décès aide l'âme à trouver sa voie. On doit aussi insuffler de l'énergie yang à la maison que le défunt a laissée derrière lui, pour qu'elle bénéficie aux résidants encore présents. Selon les Chinois et les bouddhistes, l'âme de la personne disparue quitte la demeure le septième jour pour entrer dans l'état de « bardo » – état entre la vie et la renaissance. Le quarante-neuvième jour après la mort, l'âme soit renaît, soit va dans la « Terre pure », appellation chinoise du paradis.

La lumière du soleil ou l'eau énergisée par le soleil aide à purifier l'énergie d'un espace après un décès.

L'encens sacré 72

Les rituels de purification utilisant l'encens sont très populaires en Asie. En le brûlant, on crée une fumée spirituelle qui monte, nous reliant directement à la conscience de l'air environnant. Dans beaucoup de temples bouddhiques et taoïstes, les bâtonnets d'encens en train de se consumer génèrent une énergie particulière, censée purifier l'air autour du sanctuaire. Les adeptes font souvent brûler des bâtonnets d'encens pour intensifier la fragrance et pour puiser dans l'énergie déjà créée.

Mon remède personnel avec de l'encens

J'utilise une méthode qui a évolué en Malaisie, *nonya*, que j'ai apprise à l'adolescence. Elle exige d'utiliser un petit récipient circulaire muni d'un support. Je place des morceaux de charbon brûlants dans le récipient. En parcourant les pièces dans le sens des aiguilles d'une montre, j'ajoute des plantes sèches, odorantes et des feuilles qui laissent échapper une merveilleuse fragrance. Je me sers d'herbes qui poussent sur les sommets des montagnes. En marchant, je psalmodie à voix basse des mantras. Au troisième parcours dans la pièce, je sens que l'énergie de ces lieux devient plus légère et plus vive.

Par la suite, en découvrant des rites similaires chez les moines taoïstes et bouddhistes, j'ai constaté que leur essence ressemblait assez à ce que je faisais, si bien que j'ai ajouté le son des clochettes à ma cérémonie hebdomadaire. Finalement, j'ai aussi ajouté la psalmodie des mantras qui m'ont été enseignés par des lamas de haut rang.

Depuis lors, j'ai découvert beaucoup de variantes de ces rituels. Certaines sont très simples, d'autres assez complexes. C'est à l'individu de décider si son rituel est ou non simple. Tous les ingrédients de l'encens sacré sont maintenant faciles à trouver.

Commencez toujours un rituel de purification par la fumée de l'encens, en apaisant votre mental et en trouvant une motivation juste. Ouvrez les portes et les fenêtres pour faire entrer une brise fraîche. Réalisez ensuite le rituel de la fumée sacrée en brûlant de l'encens parfumé. Bon nombre de situations peuvent être améliorées ainsi. Ce rituel est assez semblable à la « fumigation » des Amérindiens. Les principales différences sont le type d'encens et la direction du mouvement autour de la maison. Certaines traditions favorisent le parcours dans le sens contraire aux aiguilles d'une montre, car on remonte ainsi à la source. Personnellement, j'utilise le mouvement dans le sens des aiguilles d'une montre, qui symbolise l'avancée.

Préciser l'intention

Le plus important est de se concentrer sur la purification et la motivation du rituel, qui est de garder l'énergie de l'espace de vie légère et vive, tenant ainsi à l'écart la maladie et l'infortune. Commencez toujours ainsi le nettoyage pour rendre votre maison plus propice et la libérer du « chi malade », de sorte que la famille en profite. Cette intention altruiste rend le processus très efficace.

73 Utilisez toujours un encens de qualité pour la meilleure purification

Après avoir purifié votre espace de vie en y brûlant de l'encens, vous constaterez la présence d'un genre particulier de chaleur générant des vibrations qui enveloppent en douceur la maison. Les gens présents deviennent plus tolérants, plus accommodants et sont moins emportés. La purification de l'espace avec l'encens sacré adoucit vraiment l'énergie, donc la rend très tendre.

Rituel d'encens pour les vendredis

Je vous conseille d'effectuer ce rituel tous les vendredis vers 6 heures du matin ou du soir. C'est le moment le plus propice pour une purification.

Parcourez chaque pièce dans le sens des aiguilles d'une montre avec l'encens allumé et regardez la fumée envahir l'espace. Laissez les fenêtres ouvertes, pour que le chi que vous avez créé puisse se mélanger au chi frais entrant dans la maison.

Vous pouvez aussi laisser la fumée flotter sur les vêtements rangés dans les armoires, dans les débarras, les salles de bains, les toilettes. Accordez-vous le temps nécessaire pour purifier les chambres et les bureaux. Lavez toujours vos mains avant et après le rituel.

De nombreuses peuplades se servent de fumée sacrée lors des rituels. Les méthodes, la durée et les types d'encens diffèrent selon l'endroit, mais le principe général est le même, tout comme la conviction que la fumée aromatique sacrée a le pouvoir de nettoyer et de purifier. Accordez-vous au genre d'encens dont vous avez besoin avant de commencer à purifier votre espace de vie. Achetez du bon encens. Pour commencer, je vous conseille le santal, dont l'arôme est magnifique. Il aide à transcender la conscience lorsqu'on ferme les yeux et on se concentre pour percevoir ses vibrations. Toutefois, il est de plus en plus difficile de trouver de l'encens de santal pur (sans parler du prix). Si vous n'en trouvez pas, essayez des encens d'Inde et d'Amérique du Sud. Le choix de l'encens est subjectif. Divers arômes affectent différemment les individus. Si vous hésitez, commencez par les arômes moins forts, par les encens les plus connus, avant d'essayer les plus capiteux venant d'Asie.

L'encens est un puissant purifiant. Il représente l'énergie purificatrice du feu.

Il vous faut des charbons ardents et un récipient. L'encens est d'ordinaire en poudre ou en forme de feuille séchée. On l'éparpille audessus des charbons, pour qu'il brûle en émanant de la fumée. On peut aussi utiliser les blocs d'encens.

Les plantes purifiantes des sommets 74

La purification de l'espace avec des plantes ramassées sur les sommets des montagnes est particulièrement efficace. Ces plantes émettent une fragrance quasi céleste et génèrent un chi très pur. J'ai découvert leur puissance lorsque j'ai visité Katmandou et trouvé de l'encens Lawado. Cet encens vient de la région sacrée Solu Khumbu, située à environ 4 000 mètres au-dessus du niveau de la mer, dans l'Himalaya. Les plantes y sont rares. La plupart de l'encens de ce type sur le marché est mélangé avec de l'encens d'autres vallées de Katmandou. Essayez de trouver de l'encens venant des sommets élevés, où l'air est pur. L'énergie renfermée dans les plantes et les feuilles est également pure et très revigorante.

On a aussi quelques plantes excellentes des Amérindiens, qui les utilisent dans leurs rituels de fumigation et de sudation. La sauge, le sweetgrass et surtout les branches de pin fournissent un encens très parfumé.

Les bâtonnets à fumée sont faits traditionnellement de sauge et de sweetgrass.

Utilisez des arômes naturels pour revitaliser l'énergie 75

Quand vous travaillez avec l'énergie, vous constaterez que les arômes allègent et dissipent celle négative et hostile.

L'arôme utilisé est choisi en fonction de la préférence personnelle, bien que certains aient un effet plus puissant que d'autres. Le santal élève généralement le moral. C'est aussi un arôme très spirituel. Son bois est révéré en Chine et en Inde, où l'artisanat des objets religieux en santal est en plein essor. Si vous brûlez de l'encens de santal dans votre espace de vie, vous percevez très rapidement l'essence curative de sa fragrance. Le santal absorbe toute l'énergie négative qui s'accroche aux surfaces, aux vêtements, aux murs, aux planchers, et même à l'air. C'est bon d'achever tout nettoyage de printemps par des bouffées de cette fragrance, en faisant brûler des bâtonnets d'encens de santal.

Si vous êtes malade, si votre nez est bouché, si vous êtes grippé, la fumée d'un bâtonnet d'encens de santal vous enveloppera d'une aura d'énergie curative très réconfortante.

La lavande contribue aussi à diminuer la lourdeur ambiante. On affirme qu'elle met en lumière l'esprit créateur de la conscience. Elle est merveilleuse pour les personnes qui pratiquent la méditation en tant que thérapie.

L'aromathérapie se mélange actuellement facilement avec les divers rituels du Feng shui. La libération des arômes naturels en brûlant de l'encens évoque des champs énergétiques subtils, qui déterminent la qualité du chi d'un espace donné. La fragrance et les huiles aromatiques ont un extraordinaire pouvoir curatif. Incorporez-les dans un rituel de purification.

76 Utilisez la thérapie par les sons pour fortifier le chi

Selon les textes chinois classiques, tout ce qui existe dans l'univers prend forme en tant que manifestation de deux énergies contraires et néanmoins complémentaires, l'une yin et l'autre yang.

Yang et Yin

Yang est mouvement et activité.	**Yin** est immobilité et non activité.
Yang est sons et musique.	**Yin** est calme.
Yang est vie et soleil.	**Yin** est mort et obscurité.

Quand les espaces énergétiques sont tenus pour yin, ils représentent l'immobilité de la mort, l'absence de mouvement et de croissance. Pourtant, le yin comprend toujours une étincelle de yang, qui peut être attisée pour devenir une présence rugissante. Pour insuffler de l'énergie yang à une pièce, on peut utiliser le son, qui animera presque instantanément l'énergie de la maison. Outre la musique, la thérapie par les sons se sert des émissions sonores des gens, enfants, carillons, animaux domestiques, clochettes, bols chantants, tambours, cymbales.

Toutes les traditions utilisent les sons rythmiques des divers instruments pour insuffler de la vie (yang) à un jour particulier, à une célébration une occasion heureuse. En Chine, il est de tradition de se servir ainsi des sons : un brusque éclat de pétards pendant la Nouvelle année, le battement des tambours lors des fêtes où les lions sont amenés dans les maisons pour y accueillir symboliquement l'énergie yang. Les clochettes et les cymbales sont largement utilisées pour éveiller le chi. Quand des personnes aisées s'installent dans une nouvelle maison, elles accomplissent un rituel incluant toujours des sons de tambours, de clochettes et de cymbales.

Utiliser la thérapie par les sons chez soi

Vous pouvez utiliser la thérapie par les sons sur une échelle plus ou moins grande, car l'énergie de votre maison n'a pas besoin d'être très élevée. Les carillons éoliens sont un excellent moyen de capter les bruits du vent. De tels carillons sont faits en métal ou en bambou, le métal pour les coins ouest et nord-ouest, le bambou pour les coins bois est et sud-est. Accrochez-les, mais faites aussi entrer chez vous le son du rire. Le yang des gens heureux est très puissant, plus puissant qu'on peut le croire. Invitez toujours vos amis pour passer un bon moment.

Où placer les carillons éoliens en bois

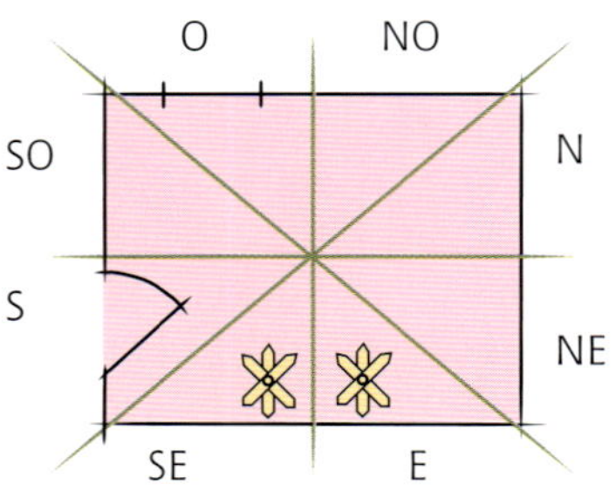

Où placer les carillons éoliens en métal

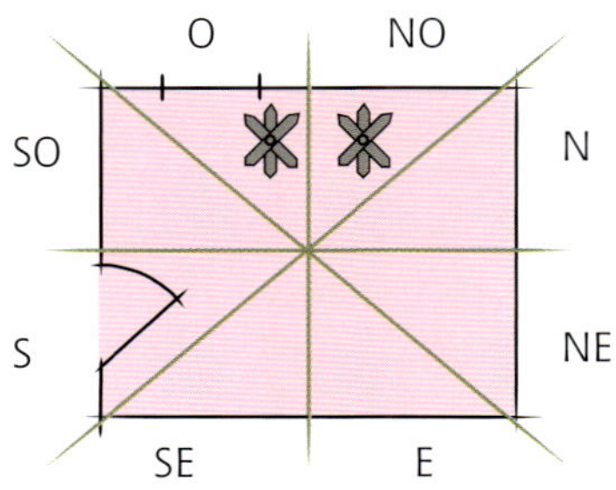

Notez que ces coins se font face et ont des assises opposées. Les deux éléments fortifiés là – le bois, apportant la prospérité, et le métal, apportant or et succès – sont d'ordinaire associés à la réussite matérielle.

Contrecarrez les accidents à répétition 77

Un carillon éolien en métal à six baguettes neutralise la malchance apportée par les étoiles volantes.

L'énergie négative de la maison cause souvent une série d'accidents sans rapport apparent, qui suivent pourtant un modèle discernable : quelqu'un emboutit votre voiture, vous vous cognez la tête contre une poutre ou tombez en faisant un faux pas. Si vous remarquez une série de petits incidents de ce genre, votre maison se trouve probablement dans l'un des trois cas suivants.

Vérifiez les étoiles volantes

Il se peut que les étoiles volantes de l'année et du mois aient fait tomber la malchance sur votre porte d'entrée ou sur votre chambre à coucher. Vérifiez-le si possible, avant que quelque chose de plus grave ne se produise. D'ordinaire, l'apparition des nombres étoile 5 et 2, seuls ou ensemble, dans la partie de la maison où est située la porte d'entrée suscitera l'infortune pour le mois concerné si on n'y remédie pas avec un carillon éolien à cinq baguettes. Même si vous ne connaissez pas le Feng shui de l'Étoile volante, accrochez un petit carillon éolien en métal près de la porte d'entrée et notez si les accidents ou les maladies disparaissent.

Une entrée affligée

L'entrée de votre maison (ou votre chambre à coucher) est affligée par des quantités excessives d'un élément détruisant l'élément de la porte principale. Vous devez connaître les orientations des parties de la maison – laquelle est au nord, au sud… – et identifier les éléments de chacune, pour savoir lesquels sont en conflit. Le cas échéant, écartez l'élément en cause. Par exemple, si vous décidez brusquement de planter un arbre dans le coin sud-ouest de la maison, où est située votre porte d'entrée, le chi de celle-ci sera miné. Enlevez l'arbre !

Une entrée bloquée

Il se peut aussi que l'entrée soit bloquée par des cartons ou de meubles qui viennent d'arriver. Ceci risque de provoquer une série de malchances. Si occupé que vous soyez, retarder l'enlèvement des meubles peut avoir des conséquences désastreuses.

78 Que faire quand les relations vont mal

Si les choses commencent à aller mal dans vos rapports avec les gens, tant au travail que dans la société, essayez de déterminer si une composante de l'énergie de votre espace de vie a un effet négatif sur votre chance de relations. Il s'agit généralement d'une énergie terre affligée, suscitée par le passage du temps (qui provoque l'apparition de mauvaises étoiles volantes dans votre chambre à coucher ou autour de votre porte d'entrée), ou par un arrangement de plantes dans une partie de la maison qui ne convient pas. Les plantes représentent l'énergie bois – lorsqu'elles sont placées dans les coins bois (sud-ouest et nord-est), elles suscitent des problèmes dans vos rapports sociaux.

Si vos relations ne sont pas heureuses, vérifiez les secteurs sud-ouest et nord-est de votre maison.

Fouillis et coins sensibles

Parfois, en débarrassant votre maison du bric-à-brac, vous risquez de placer quelque chose à l'intérieur, sans vous en rendre compte, dans ce que j'appelle des cartons de mi-chemin. Si ceux-ci sont rangés dans des chambres inoccupées, chambres à coucher ou recoins en attendant d'être enlevés, ils peuvent déclencher des effets négatifs en raison de leur placement dans des endroits fortifiant les afflictions du Feng shui. Les zones les plus vulnérables sont la porte principale et les chambres à coucher. Si les choses commencent brusquement à aller mal, vérifiez que rien ne bloque la circulation du chi et que des plantes n'ont pas été installées dans des coins inappropriés.

Si tout semble juste, les étoiles volantes sont probablement coupables. Accrochez un petit carillon éolien en métal près de la porte et observez si les choses s'arrangent. Si c'est le cas, vous êtes sur le bon chemin. Un autre carillon éolien fortifiera le remède. Si les choses empirent, faites dresser un diagramme natal de l'Étoile volante pour la maison. Cela vous fournira immédiatement une carte de la chance de la maison et vous montrera ce qui est allé de travers.

Plantes pour le bonheur

Pour fortifier les relations, donnez de l'élan à l'élément bois en disposant de plantes saines dans les secteurs nord-est et sud-ouest de la maison et des pièces.

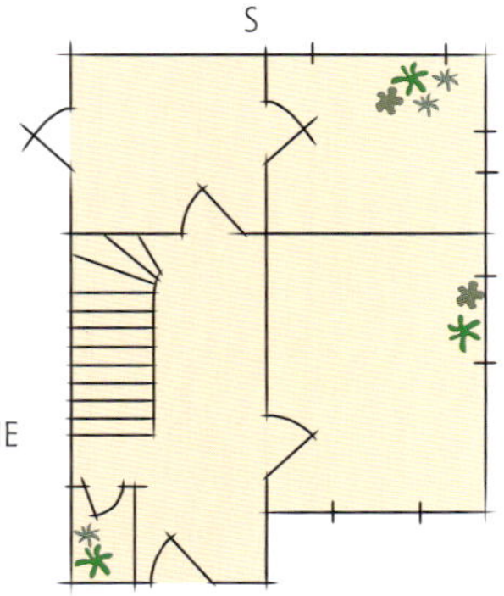

Comment désamorcer le conflit 79

Le Feng shui affligé se manifeste aussi à travers les querelles et les disputes. Lorsqu'un couple se dispute sans raison logique ou apparente, le coupable est d'ordinaire une chambre à coucher affligée. Le Feng shui de l'Étoile volante met en évidence un nombre étoile chamailleur qui « vole » dans les différents secteurs de la maison, en fonction de l'année et du mois. Les Chinois font appel à l'Almanach pour calculer ces fléaux et parer à ces étoiles chamailleuses. Le remède le plus efficace est un objet rouge et or, placé dans la chambre à coucher.

J'ai constaté que si ma famille traverse une période où chacun est ergoteur, chamailleur, hostile et porté aux conflits, ce fait est pratiquement toujours à mettre sur le compte de l'apparition de l'étoile chamailleuse dans la salle à manger ou le séjour. J'ai placé là des objets rouge et or.

Les remèdes peuvent prendre la forme de tableaux ou des objets propices spécialement façonnés. Si vous ne savez pas comment vérifier la présence de cette étoile chamailleuse et si la tension familiale semble monter, contentez-vous d'utiliser l'un des remèdes conseillés. Diminuez aussi le bruit dans les pièces où la famille se réunit, car celui-ci active l'étoile hostile du diagramme natal de l'Étoile volante.

Cristaux pour dissiper la tension 80

Le placement de six boules rondes de cristal dans les pièces où la famille se réunit, surtout dans les parties sud-ouest ou nord-ouest, est une autre méthode pour dissiper les tensions dans la maison. Elles favoriseront les relations harmonieuses, et en outre le nombre 6 représente le ciel. Les boules de cristal symbolisent une union du trigramme du ciel avec le trigramme de la terre, Chien avec Kun. Les cristaux, très propices et merveilleux fortifiants, sont les symboles les plus puissants de l'énergie terre. Bien entendu, le cristal naturel est meilleur que le cristal artificiel.

Une lumière qui éclaire un grand cristal naturel pointu placé au centre de votre maison, ou près de celui-ci, constitue un excellent fortifiant énergétique. La lumière active l'énergie terre du cristal, et comme le centre de la maison est toujours fortifié par l'élément terre, tous les résidants en bénéficieront. Les tensions présentes dans la maison se dissiperont et toute tendance à la colère, à la violence et à l'hostilité diminuera considérablement.

Purification avec des cristaux

Voici un rituel de purification préliminaire à effectuer lorsque vous amenez un cristal chez vous. Purifiez-le de l'énergie d'autres personnes en le plaçant d'abord dans une solution saline (sel de mer ou sel gemme), ou en frottant de sel toute sa surface. Imaginez que le sel absorbe l'énergie négative, puis essuyez le cristal avec un linge humide. Si le cristal est très grand, laissez-le dans la solution saline pendant 7 jours et nuits. Quand le cristal a été purifié, la lumière brillant sans cesse sur lui maintiendra son chi frais et vibrant.

81 L'eau yin pour bannir la colère

Lorsqu'une colère incessante mène à des violences et à de graves disputes parmi les membres de la famille habitant ensemble, investissez dans un vase pour appliquer le remède de l'eau yin. Le mot chinois pour vase est *ping*, qui signifie aussi paix ; souvent, les maisons chinoises sont décorées de superbes vases pour créer une atmosphère de paix et harmonie. Cependant, les vases font agir leur magie uniquement s'ils sont remplis d'eau calme et placés dans des maisons bien rangées. L'eau yin a le pouvoir d'absorber et de diluer la colère.

Si les disputes et la colère surviennent entre amoureux ou époux, l'eau sera rendue encore plus puissante en la soumettant au pouvoir de la lune. La nuit de la pleine lune, placez un récipient rempli d'eau dans le jardin ou sur votre balcon. Quand l'eau a absorbé l'énergie de la lune, ramenez-la dans la maison. Versée dans de beaux vases, elle agira comme un gardien efficace de la paix.

Parfois, un tableau montrant un vase baigné par la lumière de la lune stimule ce remède. Les maîtres taoïstes de Feng shui sont experts dans l'utilisation des tableaux pour générer des vibrations d'un type de chi particulier. J'ai passé beaucoup de temps à écouter avec fascination les histoires qu'ils m'ont racontées.

Un maître taoïste de Feng shui a visité nos bureaux et, en apercevant un tableau montrant des chevaux au galop, a dit : « Voyez la tête de ces chevaux : ils sont pâles d'effroi. Cette peinture suggère la panique. Elle est néfaste. » Il avait raison. C'était un petit tableau, peint par un peintre inconnu, que j'avais négligé. Je l'ai enlevé sur le champ.

Vainquez l'apathie avec des clochettes 82

Si votre maison a une énergie léthargique, ses résidants seront tout aussi apathiques. Un air d'ennui et de grisaille enveloppe ce genre de maison, s'avérant parfois très affaiblissant. Si vous avez ce sentiment, le chi de votre maison est probablement usé. Le passage du temps a épuisé les tapis, les rideaux et les murs.

Le chi de la maison doit alors être revitalisé. Une rénovation serait utile. Les rénovations, si simples qu'elles soient, font toujours circuler le chi et sont fastes pour les résidants de la maison, car l'endroit est immédiatement revitalisé. Mais les rénovations coûtent de l'argent et tout le monde ne peut pas se permettre de les entreprendre régulièrement.

Dans de tels cas, je conseille d'utiliser des sons pour éveiller le chi. Les clochettes sont très efficaces. Elles ne purifient pas l'espace, mais déplacent énergie qui est là, aboutissant par là à une infusion massive de chi yang dans la maison. Utilisez des clochettes en métal, car ce son pénètre la terre et traverse les murs. Le son du métal sur du métal est meilleur que celui du bois sur du métal. Achetez une clochette spéciale, façonnée en sept métaux – dont or et argent, symboles du soleil et de la lune. Leurs harmoniques subsistant longtemps. En outre, elles représentent les sept planètes du système solaire et les sept chakras principaux du corps humain, tout en étant un outil très efficace pour améliorer l'énergie de l'espace. Essayez-la quand vous vous sentez abattu.

Faire tinter une clochette qui purifiera l'espace éveille l'énergie chi léthargique et revitalise l'atmosphère.

Purifiez le chi d'obstruction 83

L'activation des étoiles néfastes du diagramme natal de l'Étoile volante a d'ordinaire pour conséquence des problèmes juridiques. Un expert de Feng shui est très précis lorsqu'il diagnostique des zones affligées, pour permettre aux résidants d'installer des remèdes. Selon le Feng shui de l'Étoile volante, ce genre de problèmes est provoqué par le nombre étoile 3 qui affecte l'étoile de la relation ; cet incident se reproduira tous les ans.

Si vous trouvez compliquée la méthode de diagnostic de l'Étoile volante, utilisez le remède de l'eau énergisée par les rayons de la lune (eau yin dans un vase). Vous pouvez par ailleurs purifier de fond en comble votre maison avec de l'eau énergisée par la lune, restée au repos au moins 3 jours et 3 nuits.

L'eau yin favorise l'absorption des vibrations d'obstruction débouchant sur des embrouilles juridiques. Enlevez tout carillon éolien, horloge ou objet en mouvement aux alentours de la porte d'entrée. Placez là une image ou une statuette d'un oiseau prenant son envol vers l'extérieur, afin de diminuer l'impact négatif des procès ; cela peut même régler d'emblée le problème. Les oiseaux sont d'excellents symboles d'apaisement : ils parent aussi aux accidents. Garder des plumes ou l'image d'un oiseau dans la voiture est censé avoir le même effet.

84 Que faire après un cambriolage

On doit immédiatement éliminer l'énergie négative des maisons qui ont été cambriolées. Vous constaterez que certaines maisons d'un quartier tendent à être sans cesse la cible des cambrioleurs. Les Chinois pensent que ce genre de maison est affecté par l'étoile du vol. Si celle-ci n'est pas neutralisée, le danger d'être cambriolé sera toujours présent. Par ailleurs, les résidants de telles maisons sont fréquemment victime de petits vols.

On peut imputer ces faits à l'énergie impalpable des étoiles volantes néfastes ou à la disposition des pièces de la maison. Un aspect très important de la pratique Feng shui, qui exige beaucoup de temps, détermine les causes de cette propension à se faire cambrioler. Une méthode plus facile implique de purifier l'énergie, mesure de protection immédiate, puis d'installer des remèdes préservant à l'avenir d'incidents similaires.

Purifier avec du sel et du safran

Si votre maison vient d'être cambriolée, utilisez un mélange d'eau au sel et au safran pour purifier les portes et les fenêtres de la maison. Toutes les ouvertures de la maison doivent être essuyées avec cette solution, dans le sens des aiguilles d'une montre. Répétez trois fois. Placez ensuite cette solution près de la porte pendant trois jours et gardez les lumières allumées là au moins durant ce même laps de temps.

Vous pouvez utiliser un bol chantant pour absorber toute énergie négative subsistante. Généralement, quand une maison a été cambriolée, les semaines suivantes les résidants vivent dans la peur. Il est absolument nécessaire d'écarter ce nuage d'appréhension, sinon cette énergie négative agira comme un catalyseur pour d'autres types d'infortune. Les harmoniques réconfortants d'un bol chantant sont très utiles, car le chi interne des résidants se stabilisera plus vite, et l'atmosphère s'allégera.

L'astuce du balai

Un antidote efficace contre le cambriolage est de placer un balai tête en bas près du mur de la porte d'entrée. Le balai écartera le chi du vol. Pour les Chinois, une paire de licornes chinoises (Chi Lin) ou de lions encadrant la porte est aussi dissuasive.

En Orient, le safran est utilisé pour nettoyer et purifier des bâtiments.

Le pouvoir des Chi Lin

Le Chi Lin, licorne chinoise, est un protecteur céleste. Si vous vivez dans un pavillon, placez une paire de Chi Lin en pierre au-dessus du portail de votre propriété pour agir en tant de gardiens.

Si vous vivez en appartement, placez une paire de lions à l'extérieur de la porte. Collez-les au sol avec de la glu extra-forte (si cela ne contrevient pas au règlement de la copropriété). Placez-les toujours face à l'extérieur, où ils feront symboliquement reculer toute menace ou négativité qui tente d'entrer.

Revitalisez l'énergie après une tragédie 85

Après les attentats du 11 septembre 2001, je me souviens que j'errais dans la maison plongée dans une sorte de stupeur. J'avais regardé les scènes horribles à la télévision, et les images sont restées dans mon esprit pendant des jours et des jours. J'ai réalisé alors comment on doit se sentir après une tragédie et à quel point c'est douloureux d'être soi-même touché, de même que sa maison – l'endroit qu'on tient pour son sanctuaire.

La tragédie frappe de bien des façons. Parfois, ce sont des catastrophes naturelles, feu, tremblement de terre, ouragan, typhon, inondation, provoquées par des déséquilibres du chi de l'environnement dans son ensemble. D'ordinaire, l'homme ne peut rien y faire. Quand les dragons de la terre rugissent, ils causent tremblements de terre, éruptions volcaniques, feux de forêt, porteurs de mort et de destruction. Quand les dragons de la mer sont mécontents, ils fouettent les vents pour qu'ils soufflent avec violence et font monter les eaux. C'est la terreur de l'énergie eau sous sa forme la plus destructrice.

Croyances chinoises

Les Chinois pensent qu'à la suite de telles catastrophes naturelles la terre est plus pure, car toutes les choses négatives sont balayées par la plus puissante méthode de purification. Selon eux, il ne reste plus qu'à reconstruire. L'homme est tout à fait impuissant devant les colères de la nature.

Mais lorsque la tragédie est suscitée par la main de l'homme, l'énergie résultante est difforme et dangereuse. Le Feng shui reconnaît trois types de mauvais chi le chi négatif, le chi mort et le chi tueur. Le plus nuisible des trois est le chi tueur. La tragédie laisse derrière elle un chi mort qui, s'il n'est pas éliminé ou énergisé de nouveau, conduira à une accumulation d'énergie yin.

L'antidote du chi mort est une infusion massive d'énergie yang : sons, lumières, mouvement. Ces trois sources d'énergie yang confèrent de l'énergie à la vie.

Si votre maison a subi une inondation ou a été détruite par un incendie, sa reconstruction même fait revenir l'énergie yang. Lorsqu'il s'agit d'accidents ou d'un décès, le chi mort de la maison doit être ranimé avec des lumières vives et des sons heureux.

L'installation d'un autel orné de lumières vives soigne les conséquences d'une tragédie. On trouve cette pratique autant dans les églises chrétiennes que dans les temples orientaux.

86 Comment dissiper les commérages

Si vous avez subi les conséquences de commérages à votre travail ou dans votre vie sociale, servez-vous de sons pour effrayer le diable du bavardage. Les cymbales en métal sont les meilleures. Une paire accrochée juste à l'intérieur de la maison surpassera symboliquement les effets négatifs des commérages et diminuera aussi grandement leur apparition.

De même, l'énergie des cristaux amoindrit les commérages. Disposez six boules de cristal très lisses, faites de cristal blanc ou rose clair, pour calmer les bavardages se concentrant sur votre vie amoureuse, de cristal vert pour faire cesser les papotages touchant à vos affaires, de cristal bleu pour neutraliser les paroles nuisant à votre carrière professionnelle et de cristal lilas pour dissiper toute discussion futile.

Ces boules de cristal de nuances claires font plus qu'absorber les énergies négatives associées aux commérages : elles génèrent aussi l'harmonie et la réussite pour les résidants de la maison où elles sont exposées. Les boules de cristal annoncent une vie sans heurts, exempte d'irritation et de rancœur. Chez moi, tout comme à mon bureau, j'ai exposé six boules de cristal. Elles garantissent que mon travail et mes projets se déroulent sans anicroches, avec peu ou pas d'incidents de parcours. Elles absorbent toute énergie négative.

Pour utiliser ainsi les boules de cristal, disposez-les assez bas – une table basse de salon est l'endroit idéal, car cela les place au centre de la pièce. Pas besoin qu'elles soient très grandes (un diamètre de 8,5 cm est suffisant) ou d'une couleur particulière. Beaucoup les préfèrent transparentes. Récemment, de belles boules de cristal de différentes couleurs sont apparues sur le marché, ce qui m'a incité à donner plus de couleur à mes remèdes Feng shui. Je dois dire qu'elles m'ont aidée à me créer un mode de vie plus facile et plus sympathique.

Le meilleur endroit pour placer une boule de cristal afin de surmonter les commérages et les bavardages se trouve au sud-ouest, à l'emplacement de la matriarche (que ce soit le sud-ouest de la maison, ou seulement celui du séjour). Essuyez les boules de cristal tous les jours pour qu'elles restent propres et transparentes. Si elles sont couvertes de poussière, leur puissance faiblit.

Place des cristaux

Placer des boules de cristal dans le sud-ouest de la maison bannit les commérages et favorise l'harmonie.

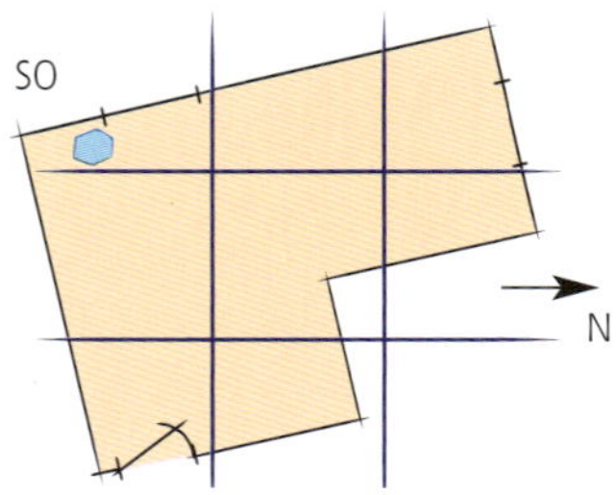

Exposer des boules de cristal fortifie symboliquement la matriarche, qui réside dans le coin sud-ouest.

Vous êtes la cible d'intrigues 87

Si vous êtes la cible d'intrigues au travail, il est impératif de prendre des mesures défensives. Le remède Feng shui taoïste censé être le plus efficace pour les commérages nuisibles est l'image du coq. Placez un coq blanc sur votre bureau et laissez-le picorer un à un tous vos problèmes. Ce remède convient particulièrement aux personnes dont le bureau est placé dans une encoignure ou qui sont assises dans ce que j'appelle un arrangement de mille-pattes : un bureau derrière un autre, sur deux rangées. Ce genre de disposition aiguise le dard du commérage et de la médisance malveillante. Le coq posé sur votre bureau éliminera toute énergie négative générée par cette situation.

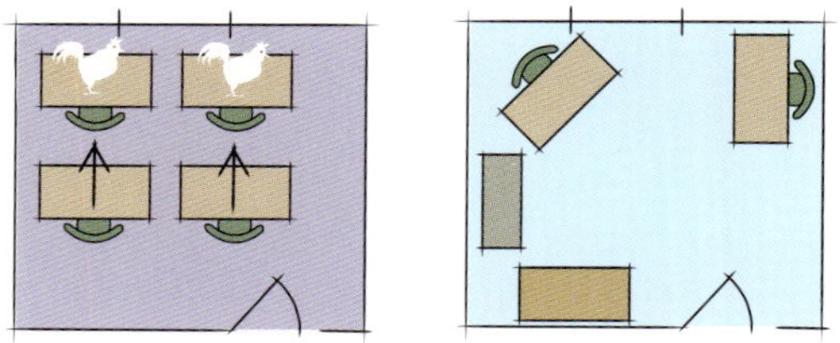

Assis avec les autres derrière vous (gauche) ou dans une encoignure (droite), placez le coq sur votre bureau pour vous protéger des commérages.

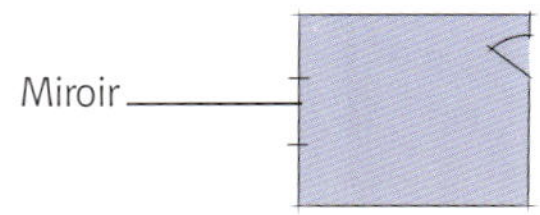

Placez un miroir en laiton dans votre entrée ou vestibule pour empêcher les commérages de vous suivre à la maison

S'aider des miroirs

Pour vous assurer de jouir d'une bonne protection, placez aussi un miroir en laiton dans la maison – dans un coin situé en diagonale par rapport à la porte principale. Le remède du miroir en laiton était très répandu parmi les mandarins de la cour de l'empereur chinois, désireux de vaincre les effets négatifs des intrigues politiques. À cette époque-là, le danger de mort suite aux manœuvres des ministres et des conseillers impériaux était très réel. Toute disgrâce conduisait à l'emprisonnement ou à la mort, non seulement du patriarche, mais aussi de l'ensemble de sa famille. La croyance dans le Feng shui symbolique allait de soi, surtout pour les personnes de haut rang.

De nos jours, les intrigues dans les bureaux sont assez similaires à celles de la cour impériale, si bien que les remèdes Feng shui de cette époque-là peuvent soulager encore. Les miroirs en laiton et en d'autres matériaux fastes étaient utilisés pour contrecarrer les intrigues. Les miroirs en verre, en métal ou en autres produits réfléchissants, renvoient toute négativité. Ces miroirs sont chargés en énergie par diverses méthodes. L'énergie du soleil, réfléchie par un miroir en verre, transformera les intentions négatives à votre égard en intentions positives.

Protéger votre maison des commérages

Des miroirs en laiton stratégiquement placés dans un coin en face de la porte principale dévient toute énergie négative entrant dans la maison, surtout celle générée par les intrigues et la compétition. Si vous avez un autel chez vous, placez-y un miroir en laiton qui reflète une partie aussi grande de l'entrée et de la pièce que possible. Ce miroir détournera les intentions malfaisantes tentant de pénétrer dans votre demeure.

88 Amulettes spéciales et purification de l'espace pour dissiper l'envie

Sans savoir, vous pouvez être le destinataire de puissantes vibrations négatives envoyées vers vous par des collègues jaloux, des amoureux éconduits, des amis envieux ou des rivaux dans les affaires. Dans le monde moderne très concurrentiel, tous les gens ont besoin de protection contre l'envie et la jalousie des individus sans scrupules.

Beaucoup d'Asiatiques arborent des amulettes et des talismans censés tenir à l'écart l'énergie négative. Les Chinois croient aussi aux amulettes, et la plupart sont convaincus qu'en arborant un pin's en forme de dragon ils dissipent les vibrations négatives. D'autres amulettes populaires sont les chevaux, les Chi Lin, les symboles mystiques.

Portez le pin's en forme de dragon pour vous protéger de l'envie des autres.

Je présente dans un autre chapitre de ce livre quelques techniques excellentes pour charger en énergie les symboles de protection. Ces techniques m'ont été enseignées par des praticiens taoïstes. Je vous en fais part, car elles servent uniquement à la protection et n'ont aucun pouvoir de nuire. Ces techniques tiennent parfaitement à l'écart les flèches négatives tirées en votre direction – depuis l'hostilité au sentiment de malaise général.

Quoi faire si les autres sont jaloux

Si vous avez l'impression d'attirer la jalousie, portez un pin's en forme de dragon. C'est une amulette très simple, qui a été utilisée pendant des siècles. Puissante créature céleste, le dragon protège des influences négatives, tout en attirant la chance.

La femme doit porter le pin's au dragon à gauche, l'homme à droite. Symboliquement, c'est une aiguille capable de transpercer le chi négatif. Jadis, les maîtres taoïstes cousaient des aiguilles dans les vêtements des enfants pour tenir à l'écart la jalousie et l'envie.

Repousser les intentions mauvaises

Une fois par semaine, effectuez un rituel de purification de la maison avec un bol chantant (voir Astuces 69, 114). Ce rituel absorbera toute énergie négative subsistante dans la maison, venue avec ses résidants qui travaillent. Effectué régulièrement et complété par des remèdes d'encens, ce rituel rendra difficile l'entrée de toute personne ayant de mauvaises intentions à votre égard.

Épées pour bannir la jalousie

Le couteau recourbé en métal et « l'épée de pièces de monnaie », faite de pièces chinoises anciennes réunies sur un fil rouge sont des talismans très efficaces pour la dissipation des intentions négatives susceptibles d'affecter le bien-être des résidants. Ils sont censés trancher très nettement et efficacement l'énergie négative invisible. Au travail, placez-les derrière vous pour contenir l'impact négatif des pensées envieuses.

L'énergie négative d'une relation rompue 89

Un mauvais Feng shui est l'une des causes les plus ordinaires d'effondrement des relations et des mariages. Quand l'énergie de la maison devient négative ou quand des étoiles chamailleuses apparaissent dans la chambre à coucher (« dimension temporelle » du Feng shui), des problèmes commencent à perturber les relations entre les époux ou les autres membres de la famille. Le chi qui a un effet négatif sur les mariages est le plus nuisible.

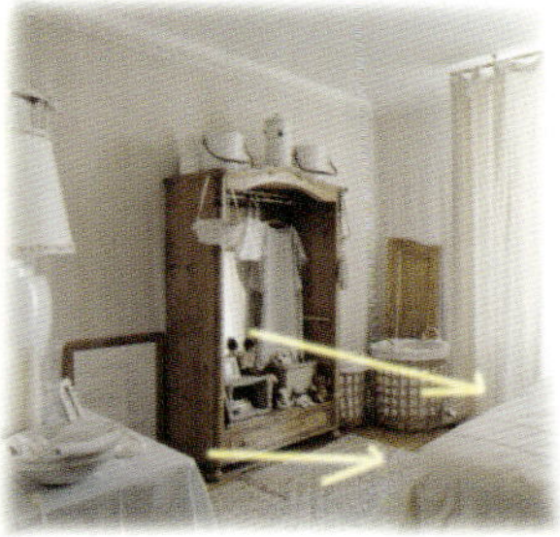

Un miroir devant le lit, une « flèche empoisonnée » dirigée de la table vers la gauche du lit (voir ci-dessus), le désordre général et la corbeille à linge sale dans le coin affectent l'énergie de cette chambre. Ceci génère de la négativité dans la relation du couple qui y dort.

Les disputes et les malentendus sont des manifestations du manque d'harmonie de l'environnement. Ils sont provoqués autant par l'énergie spatiale agissant contre la relation que par l'énergie négative immatérielle apportée dans la chambre à coucher par les nombres étoile nuisibles. Au cours de trente années d'observation, j'ai constaté qu'un nombre important de divorces se produisent dans des maisons souffrant d'une affliction Feng shui.

Quand on connaît la chance de relations et le Feng shui, on est au courant de l'existence d'interdictions spécifiques quant à la chambre à coucher. Si elles sont transgressées, des tensions apparaissent entre les partenaires qui dorment là.

Bien entendu, d'autres afflictions peuvent générer des tensions similaires dans une relation, y compris une énergie néfaste de l'Étoile volante. Il est utile de connaître suffisamment le Feng shui pour s'assurer que l'énergie spatiale de la chambre à coucher contribue à une relation affectueuse. Si vous êtes le partenaire resté au domicile conjugal, purifiez-le soigneusement du chi négatif engendré par les paroles malheureuses, la tristesse et le chagrin. La thérapie par les sons percera le voile de mélancolie recouvrant votre maison. Faites jouer une musique joyeuse et servez-vous d'un bol chantant pour capturer et transformer le chi négatif en positif. Éliminez toute affliction que vous pouvez trouver. Par exemple, changez les couvre-lits et les rideaux de la chambre pour vous débarrasser de l'ancienne énergie mauvaise. Vous aurez plus d'énergie en réorganisant la chambre pour vous seul et vous pourrez aller de l'avant.

3 façons d'éviter une rupture

1. Les miroirs dans la chambre d'un couple provoquent l'intervention d'un tiers qui perturbera la relation et y imposera une tension extrême, débouchant sur l'infidélité. Un miroir installé directement en face du lit conjugal est extrêmement dangereux.
2. L'eau dans la chambre – aquarium, fontaine, tableau (surtout accroché au-dessus du lit) – causera des pertes pour les deux partenaires. Le Feng shui interdit l'eau en ce lieu.
3. Deux matelas séparés sur le lit commun créeront une fissure invisible dans la relation, qui se manifestera à un moment astrologiquement défavorable pour le couple.

90 Purifiez l'énergie négative de votre chambre

Votre chambre à coucher est l'espace qui vous bénéficie ou vous nuit le plus. J'ai traversé autrefois une période où je me levais tous les matins avec un sentiment d'appréhension. Mon dos me faisait affreusement mal, ma bouche était sèche et amère. J'ai pensé d'abord avoir attrapé quelque chose, mais je me suis rendue compte que je me sentais mieux au fil des heures.

Une géode d'améthyste placée sous le pied du lit fortifie la relation du couple.

Cela m'a fait suspecter que quelque chose n'allait pas dans ma chambre. Derrière le lit, j'ai découvert qu'un petit morceau de placage était tombé du mur, exposant six clous qui pointaient directement vers mon oreiller. Je les ai fait enlever immédiatement.

Ensuite, j'ai fait prendre un bain de soleil pendant trois jours à mon matelas et à mes oreillers, pour dissiper toutes énergies négatives subsistantes. Le résultat a été étonnant. Pour la première fois depuis des mois, j'ai dormi profondément et je me suis réveillée en me sentant rafraîchie et reposée.

Astuces pour les femmes

Examinez votre chambre à coucher et purifiez-la de toute énergie négative. Quand un couple se sépare, la chambre doit être purifiée immédiatement. Si votre époux vous a quitté, faites prendre un bain de soleil à votre matelas et à vos oreillers, pour les remplir d'énergie yang. Placez ensuite une géode d'améthyste sous le lit, au niveau de vos pieds.

Astuces pour hommes

Si votre partenaire vient de vous quitter, ou si vous venez juste de découvrir qu'elle a une liaison et vous avez envie de la récupérer, placez une géode d'améthyste sous vos pieds. Celle-ci fortifiera le lien entre la mère et le père, car l'homme dort d'habitude sur le côté gauche du lit. Ne placez pas l'améthyste directement sous votre tête, car il perturbera votre sommeil, par son énergie très intense. Le placement du cristal sous les pieds est une puissante méthode taoïste pour que le couple jouisse d'une union heureuse.

3 remèdes pour la négativité

1. Si vous placez une géode d'améthyste sous le lit, purifiez-la régulièrement (voir Astuce 104).
2. Pour une purification complémentaire, exposez le matelas et les oreillers au soleil.
3. Au moins une fois par mois, brûlez de l'encens parfumé et tournez autour du lit 3 fois, dans le sens des aiguilles d'une montre, éliminant la négativité restante dans la chambre.

Enlevez le bric-à-brac et purifiez l'espace du lit 91

Je conseille à tous les couples de purifier régulièrement et systématiquement leur lit. Commencez par enlever le bric-à-brac qui est sous le lit. Jetez-le, si attaché que vous soyez à ces objets.

Garder le dessous du lit dégagé garantit de ne pas dormir au-dessus de photos ou d'objets associés à des membres importants de la famille, ce qui symboliquement amoindrit leur chance et affecte la maisonnée.

Jadis, avant l'apparition des banques, beaucoup de familles dormaient littéralement sur leur fortune, convaincus que cela sauvegardait leurs biens. Un bol symbolique avec des pièces, tout comme les cristaux – appelés souvent les trésors de la terre – placés sous le lit sont propices.

Soyez prudent à propos des trésors convenant à ce lieu de stockage. N'y rangez jamais de vieux vêtements, des livres, des albums, des dossiers ou des souvenirs personnels. Les objets de valeur sont à placer dans une boîte dorée, en hauteur. Dormir au-dessus d'objets personnels est censé bloquer la chance. Placées sous le lit, des photos de vos enfants empêcheront la croissance et le développement de ceux-ci. De même, dormir au-dessus des photos du soutien de famille entrave sa chance.

Activer la chance

Il est utile de purifier régulièrement l'espace du lit avec de l'encens et un bol chantant (une fois par mois). Ce rituel activera la chance de votre famille. Quand l'énergie du lit conjugal est systématiquement purifiée, le chi ne risque pas de stagner ou de mourir. La « chance de la famille » reste vibrante et pleine d'énergie.

En même temps, il est important de se débarrasser de toute énergie tueuse générée par des flèches empoisonnées cachées. Celles-ci sont émises par les coins saillants des murs et des meubles, ainsi que par les lourdes poutrelles structurelles. L'énergie tueuse, le *shar chi*, menace directement les résidants de la maison. L'énergie négative est par ailleurs néfaste, mais son effet est moins intense et, en outre, il est ressenti au cours d'un laps de temps plus long. Bien que les deux soient à éliminer, l'énergie tueuse amplifie tout danger pour les relations, surtout pour le couple.

Lorsque le lit est affligé par l'énergie tueuse, le couple qui le partage n'a pas de bonnes relations, ce qui finira par le faire s'effondrer. Il n'y aura pas là de chance de descendants. Même s'il y a déjà des enfants, la famille n'est pas unie. Pour moi, l'absence d'une bonne chance familiale est le plus triste des fléaux Feng shui.

92 Procédures de purification de la chambre à coucher

Dans les cultures orientales, le safran est un purificateur traditionnel.

Préparez un pichet d'eau de safran pour nettoyer l'espace qu'occupe votre lit. Le récipient doit être spécialement conçu pour cette utilisation. Après avoir été immergé pendant un certain temps, le safran colore l'eau en jaune. Utilisez la meilleure qualité de safran que vous trouverez – quelques fils dans un pichet d'eau chaude suffiront. Préparez aussi un peu d'encens végétal parfumé, soit en poudre, soit en bloc. L'eau de safran et l'encens conviennent très bien à la purification de la chambre à coucher, et surtout de la zone entourant le lit conjugal.

Le safran est une substance très puissante. Il est utilisé dans de nombreux rituels taoïstes de purification et occupe une place notable dans les cérémonies *puja* taoïstes et hindouistes. Au cours de ces rituels, l'eau de safran purifie symboliquement le corps, l'esprit et la parole des adeptes participant au *puja*. Le safran est tenu pour l'un des plus efficaces agents de purification (le meilleur vient de Grèce).

En outre, il supplémente les remèdes Feng shui déjà placés dans votre chambre et a le pouvoir de guérir toutes les afflictions provoquées par les étoiles volantes du mois et de l'année affectant cette pièce. Faites-lui confiance. La purification avec du safran et de l'encens dissipe le chi négatif, sans nuire à quoi que ce soit de positif ou de propice.

Le rituel du safran

Ce rituel de purification avec du safran et de l'encens peut être réalisé une fois par mois. Il ne prend que cinq minutes et est très efficace.

Tournez autour du lit trois fois, dans le sens des aiguilles d'une montre, laissant flotter la fumée de l'encens. Créez ensuite un cocon invisible de protection autour du lit, en l'aspergeant de l'eau de safran tout en tournant autour trois autres fois.

Rituel du miroir pour des réconciliations 93

Lorsqu'un couple se brise, deux types de séparation se produisent : temporaire et karmique. Si une séparation est karmique, rien ne fera revenir la personne aimée, car le karma commun a pris fin. Les Chinois (tant taoïstes que bouddhistes) prônent que nous sommes tous « prédestinés à être avec ceux avec lesquels nous mettons les bases d'une famille » et que le destin de couple est basé exclusivement sur la « chance céleste ». Mais ils admettent aussi que la chance céleste peut être accélérée ou retardée, et qu'elle ne compte que pour un tiers dans le destin. Car il existe aussi la « chance terrestre » qu'on peut maîtriser (par le Feng shui) et la « chance de l'homme », qu'on peut utiliser pour influencer, modifier, accélérer ou ralentir la chance céleste. On peut donc influencer le destin ; celui-ci n'est pas inexorable.

Beaucoup de légendes chinoises parlent de remèdes et d'antidotes efficaces employés à la cour impériale, surtout par les concubines désirant s'attirer la faveur de l'Empereur. Un tel rituel, réputé tout-puissant pour faire revenir une personne aimée m'a été raconté par un maître de Feng shui. Je n'ai eu aucune raison de l'essayer, mais deux de mes amies (ayant épousé des coureurs de jupons), ne jurent que par lui. Je pense que son degré de réussite dépend de l'intensité de la motivation qui accompagne ce rituel, ainsi que du degré de rupture du couple.

Pour le charme du miroir, on a besoin de deux miroirs, ou d'un miroir pivotant, pouvant être incliné en arrière. Placez vos photos entre les deux miroirs.

Le charme du miroir

Prenez une photographie de la personne qui vous a quitté. Une photo en buste convient, mais une photo en pied sera plus puissante. Choisissez surtout une photo où celle-ci est seule. On ne peut pas se servir des photos recadrées. Les photos prises à l'extérieur sont plus efficaces que celles prises à l'intérieur. Il est aussi préférable que la personne soit souriante et heureuse. Les photos debout conviennent mieux.

- Prenez une photo correspondante de vous-même, seul et souriant. Si vous utilisez une photo en buste de votre bien-aimé, utilisez une photo du même genre pour vous.
- Prenez deux miroirs de la même taille que les photos. Placez celles-ci l'une en face de l'autre.
- Placez les miroirs à l'extérieur des photos jointes, de façon à refléter l'image vers l'extérieur. Vous aurez ainsi deux images (la vôtre et celle de votre bien-aimé) prises en sandwich entre deux miroirs. Collez ensemble les miroirs avec du scotch, en laissant les photos entre elles.
- À la pleine lune suivante, faites tomber le reflet de la lune sur la surface des deux miroirs. Les rayons lunaires, censés invoquer la magie du Dieu des mariages qui demeure sur la lune, purifieront les photos. Gardez les photos prises en sandwich entre les miroirs jusqu'à ce que votre bien-aimé vous appelle et s'arrange pour vous rencontrer. Dès que cela arrive, libérez les photos.

Le reste dépend de vous. Ce rituel ne contrôle personne – il ne fait que créer une occasion pour les deux personnes d'aplanir leurs différences.

94 Faire revenir une personne aimée

Parfois, la séparation d'un couple est due au mauvais Feng shui, qui fait s'interposer un tiers entre les partenaires. C'est le motif le plus ordinaire des ruptures. Je suis une partisane convaincue de l'apprentissage du Feng shui. La prévention est toujours meilleure que le remède. Si vous connaissez les tabous dont la transgression mènera à l'infidélité, et si vous empêchez l'apparition de ces particularités dans votre maison, vous vous en préservez.

Les oiseaux sont très propices et apparaissent régulièrement dans beaucoup de rituels taoïstes. Ils sont censés représenter la sécurité. Ils font venir les occasions. Si vous désirez vendre la maison, servez-vous du rituel de l'oiseau.

Les motifs d'oiseaux sont propices pour la maison. Exposer l'image d'un oiseau volant vers la maison fait revenir symboliquement la personne aimée.

Comment protéger votre relation

1. Ne placez jamais un plan d'eau (mare, piscine, aquarium) à gauche de la porte de la chambre à coucher (en regardant depuis l'intérieur). Bien que très propice selon d'autres formules ou systèmes Feng shui, cette eau poussera l'homme à reluquer les filles.
2. Ne placez jamais de l'eau dans la maison directement en face de la porte d'entrée, sinon l'époux aura une liaison extra-conjugale. Méfiez-vous d'un jeu d'eau qui transgresse cet interdit.
3. Un miroir ne doit jamais refléter le lit conjugal, car cela conduit pratiquement toujours à la séparation. Les écrans de télé ou d'ordinateurs agissent aussi comme des miroirs. Si vous avez un poste télé dans la chambre à coucher, couvrez toujours l'écran avant de vous coucher. Si un miroir est placé devant le lit, soit couvrez-le, soit faites-le enlever. Ce tabou peut pousser autant le mari que la femme à briser le mariage.
4. Si le conjoint est déjà parti et si vous voulez le faire revenir, placez l'image d'un oiseau en vol (tourné vers l'extérieur) sur le côté gauche de la porte d'entrée, avec sa photo à proximité. L'oiseau doit donner l'impression de voler vers l'habitation. Éclairez d'une lumière vive l'oiseau et la photo de la personne aimée pour activer ce rituel, symbolique du rappel. Vous pouvez utiliser le dessin d'un oiseau ou une photographie, à condition toutefois que l'oiseau se dirige toujours vers l'intérieur de la maison.

Rendre le désaccord permanent et total 95

L'énergie adhère aux choses matérielles. Quand un couple se sépare pour de bon, je conseille d'habitude de changer aussi de maison ; si vous restez dans la même maison, débarrassez-vous de tous les objets de votre ex-partenaire, vêtements, livres, dossiers, photos, rappels potentiels de l'ancien mariage. Si vous voulez repartir à zéro, il vaut mieux libérer la maison de son énergie ancienne.

Choisissez un jour où le soleil brille et la brise est douce. Profitez de l'énergie du vent pour dissiper le chi ancien – ouvrez les portes et les fenêtres et imaginez que le vent nettoie et rafraîchit votre espace de vie. Répandez du sel de mer dans toute la maison. Après avoir effectué ces purifications simples, sondez l'énergie présente. Si vous sentez que l'énergie de la personne partie subsiste encore, voici un rituel extrêmement efficace et très faste pour le bien-être de votre ex-conjoint.

Le rituel du bateau

Façonnez un bateau en papier, capable de flotter. Inscrivez à l'intérieur le nom de votre ex-conjoint, avec un adieu bien intentionné, venant du cœur. Placez-y cinq offrandes – fleurs, bâtonnet d'encens, pièce de monnaie, terre, safran – représentant les cinq éléments et montrant que vous lui souhaitez bonne chance dans sa nouvelle vie. Toutefois, ne placez pas sa photo dans le bateau. Laissez-le s'en aller au gré du courant. Ne regardez pas en arrière après avoir laissé partir le bateau. Cela clôturera un chapitre de votre vie, laissant la place au suivant.

Pour une séparation définitive, jetez le charme du bateau en utilisant le safran, la terre, l'encens, les fleurs et une pièce de monnaie.

Eau activée par la lune 96

L'eau activée par la lune apporte de l'énergie tendre dans tous vos espaces de vie. Pour l'obtenir, placez une grande vasque d'eau sous les rayons de la pleine lune pendant une nuit. Choisissez une nuit claire, brillante, belle. S'il pleut ou si la lune est cachée par des nuages, l'énergie lunaire sera faible.

Utilisez l'eau le lendemain pour nettoyer la maison ou, encore mieux, pour mélangez-la à votre bain. Ajoutez sept fleurs différentes, dans les couleurs des cinq éléments. Par exemple, un chrysanthème jaune pour l'élément terre, un lis blanc pour le métal, un iris bleu pour l'eau, une rose rouge pour le feu et un dahlia vert pâle pour le bois, et deux autres fleurs pour arriver à un total de sept. C'est un bain merveilleusement revigorant, devenu populaire ces dernières années dans les stations thermales.

Les Balinais excellent dans la création des bains floraux énergisés par la lune. Ils ajoutent à l'eau des gouttes de parfum, pour rendre les bains plus romantiques. Plusieurs des plantes tropicales utilisées dans les stations thermales de Bali ont des propriétés revigorantes.

Créez des rituels purifiants similaires dans votre maison. L'eau énergisée par la lune ajoutée au bain, conférera à celui-ci un « chi affectueux ».

97 Équilibrez le yin et le yang de l'espace

Parfois, la maladie et l'infortune qui tombent sur les habitants d'une maison sont dues à l'air déséquilibré par une sécheresse excessive. Quand l'air est particulièrement sec ou pollué, le chi occupant un espace s'affaiblit ou devient trop yang. Dans cette situation, asperger l'air de goutelettes d'eau rétablit parfaitement l'équilibre.

L'équilibre yin / yang de l'air de la maison exerce une énorme influence sur l'état d'esprit qui y domine, en fait sur l'état d'esprit des résidants. Les hommes de science qui mesuraient la pollution de l'air ont été étonnés par les immenses écarts d'humeur entre des gens exposés à un air pollué et des gens respirant un air sain.

Parmi tous les déséquilibres yin / yang de l'atmosphère, le plus grave est certainement celui provoqué par l'air pollué. Parfois, l'exposition à certains vents porteurs d'énergie yin suscite ce genre de déséquilibre : le mistral d'Europe, le chinook d'Amérique du Nord, les typhons frappant certains pays des bords de la mer de Chine méridionale et de l'océan Pacifique. Lorsque l'air est déséquilibré, les personnes qui le respirent risquent de souffrir de migraines, de fatigue et d'épuisement. Cet air pousse le corps à réagir négativement ; il a aussi un effet néfaste sur la façon dont les gens agissent et se comportent l'un avec l'autre.

Humidifier l'air par des vaporisations d'eau améliore sa qualité, ainsi que le tempérament des gens qui le respirent. La lavande (ci-dessous), sous forme d'huile essentielle, est ajoutée à l'eau pour créer une ambiance détendue.

« Équilibrer » l'air pour une meilleure santé

Si vous constatez que des membres de votre famille tendent à être irritables et nerveux, qu'ils souffrent souvent d'allergies, de maux de tête et de dépression sans raison apparente, vous avez toutes les raisons de soupçonner la présence d'un déséquilibre dans l'air. Vaporisez de l'eau pour rétablir l'équilibre de l'air. Ou branchez un ventilateur pour intensifier la circulation du chi. Même si vous n'avez pas l'impression que l'air est pollué, vaporisez un peu d'eau. Vous serez surpris par l'amélioration des humeurs et des attitudes des résidants. L'eau a aussi un effet très apaisant. Ajoutez-y quelques gouttes de lavande ou une autre fragrance calmante.

Thérapie des 5 éléments pour de bonnes relations 98

Tout le monde peut se servir de la thérapie des cinq éléments (l'eau, le feu, la terre, le bois et le métal) pour améliorer les relations. Pour les Chinois, tout ce qui existe dans l'univers, directions, formes, couleurs, jours, heures, objets, etc. – correspond à l'un de ces éléments. De même, chacune des huit directions cardinales symbolise la chance ou la malchance associée à un membre de la famille ou à une personne de votre vie.

Pour améliorer votre relation avec une personne aimée, activez le sud-ouest de votre chambre à coucher. Si vous vivez seul, concentrez-vous sur cette zone, qui représente l'idylle, le mariage et le bonheur familial. Elle symbolise en outre la mère, les tantes plus âgées et la grand-mère, si bien que son activation profite à vos relations avec celles-ci. L'élément du sud-ouest est la terre, si bien que ce coin bénéficie de la présence de beaux cristaux naturels, de l'énergie de la montagne et de l'énergie de la lumière. Car la lumière (feu) produit la terre.

Promouvoir la zone sud-ouest de la maison soutient le rôle de la matriarche.

Promouvoir les relations avec le patron

Pour améliorer vos relations avec votre patron, père ou toute autre personne qui a autorité sur vous au travail ou dans la société, activez le nord-ouest – cette partie gouverne la chance de relations. Si vous faites de la politique, ce coin fortifiera votre position par rapport à vos partisans. Placez là des carillons éoliens métalliques à six baguettes, ou une montagne symbolique d'or ou de diamants. Cette partie de la maison est stimulée par des œuvres d'art, des pierres dorées, des cristaux bruts parsemés de cristaux taillés en diamant.

Les directions de l'harmonie

Si vous désirez améliorer vos relations avec des collègues, frères et amis, voici quelques indications à suivre :

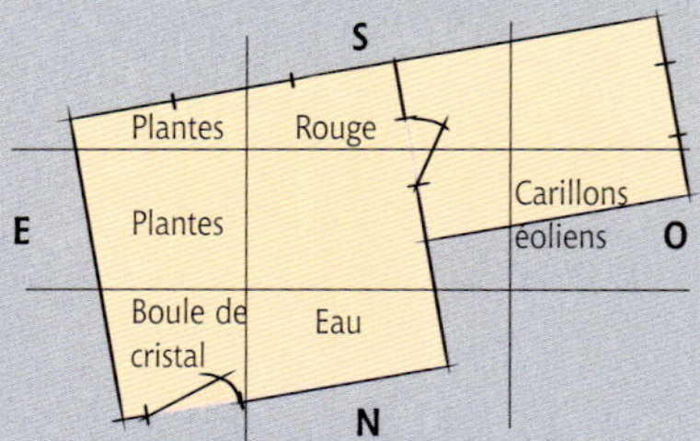

1. Hommes plus âgés que vous – activez l'est avec des plantes, arbres et fleurs.
2. Hommes du même âge – activez le nord avec de l'eau.
3. Hommes plus jeunes – activez le nord-est avec une boule en cristal.
4. Femmes plus âgées que vous – des plantes au sud-est.
5. Femmes du même âge que vous – placez quelque chose de rouge au sud.
6. Femmes plus jeunes que vous – placez de petits carillons éoliens en métal à l'ouest.

99 Énergisez le sud-ouest avec la couleur jaune

Un mur peint en jaune stimule l'énergie de la matriarche de la maisonnée.

La plus importante partie de la maison, celle qui affecte votre chance de relations dans sa globalité, est le sud-ouest. Cette partie de la maison, ainsi que le mur adjacent doivent être dégagés. Si l'énergie de ce lieu est déroutée ou affligée, elle affecte toutes vos relations. Consacrez du temps et des efforts à l'entretien des pièces orientées au sud-ouest. N'y rangez pas du bric-à-brac inutile et, une fois par semaine, nettoyez les lieux. Aucune plante au sud-ouest, pour ne pas détruire l'énergie de la terre. Nul carillon éolien métallique, car le métal épuise l'énergie du sud-ouest. Les carillons éoliens en métal conviennent ici seulement lorsque les fléaux de l'Étoile volante apparaissent au sud-ouest. Ce sera le cas en 2010, car les cycles temporels correspondent aux neuf nombres dont se sert le Feng shui de l'Étoile volante.

Promouvoir sa vie sociale

Votre vie sociale et votre vie amoureuse bénéficieront d'une relance énergétique au sud-ouest. Un moyen sûr de reprendre une vie sociale à la traîne est de peindre en jaune soleil le mur situé au sud-ouest. Cela y ajoutera une dose de chi yang précieux, outre stimuler l'énergie de la terre. Le jaune est une couleur particulièrement bénéfique pour le sud-ouest, le nord-est et l'ouest, mais au nord-ouest et au sud-ouest il fera des merveilles pour toutes vos relations. Toutefois, attention à ne pas avoir chez vous un excès de cette couleur, ou de n'importe quelle autre. Il vaut mieux s'en servir comme couleur de fond. Si vous n'en voulez pas sur vos murs, choisissez des rideaux, des housses ou des tapis de cette couleur. Pour l'activer davantage, dirigez sur elle une lumière vive, qui accentuera l'énergie terre.

Dans de nombreuses cultures orientales, le jaune était la couleur impériale. Dans la Chine ancienne, seul l'Empereur et sa famille y avaient droit. En Malaisie, le jaune est aussi une couleur royale. Seuls les membres des familles royales l'arborent lors des cérémonies officielles.

Purifiez le sud-ouest avec des lumières vives 100

Le coin sud-ouest peut être purifié et chargé de pouvoir grâce à des lumières vives. L'énergie feu produit l'énergie terre – l'installation en ce lieu d'un éclairage brillant revivifie sur le champ le chi fatigué. Si l'une de vos relations languit, ou si vous vous sentez fatigué, utilisez l'énergie feu du sud-ouest pour revitaliser les choses.

Les pièces situées au sud-ouest, peu éclairées, verront leur énergie dépérir. Il suffit d'installer de nouveaux éclairages. Lorsque j'ai redécoré mon bureau situé au sud-ouest de la maison, nous entrions en 2001, année où cette direction était affectée par le Cinq Jaune, porteur de maladie et de perte. Je ne pouvais donc pas me servir de cette pièce-là en 2001. Pour y diminuer la lumière, j'ai mis des ampoules très faibles.

En 2002, lorsque le sud-ouest est redevenu propice pour les relations et pour moi (le sud-ouest et particulièrement faste pour moi, en raison de mon nombre Kua), j'ai changé immédiatement les ampoules pour revitaliser mon bureau. Le changement a été instantané. Ma créativité est revenue. J'ai du mal à expliquer combien il est facile de travailler maintenant dans cette pièce. Je pense y installer des lampes en cristal pour accroître ma productivité dans cette pièce située au sud-ouest. Faites de même. Toute pièce de votre maison située au nord-est ou au sud bénéficiera aussi d'un éclairage vif.

Les bougies dans des bougeoirs en cristal génèrent de l'énergie terre et feu, qui revitalisent les pièces situées au sud-ouest.

101 Écartez la négativité grâce à la lumière

Si vous voulez pratiquer le « Feng shui du monde intérieur », vous chargerez en énergie ce que vous faites sur le plan matériel grâce à de puissantes visualisations mentales. La plus facile, qui donne les résultats les plus rapides, est l'image de la lumière coulant comme un fleuve.

Faites d'abord quelques essais. Pour en avoir une idée, regardez la ville la nuit depuis un endroit en hauteur. Les voitures et les routes ont l'air de fleuves de lumière en mouvement. L'image est très puissante. Vous devez la contrôler. Cette lumière doit être bienveillante et vive, sans devenir éblouissante. Commencez en imaginant un courant de lumière blanche.

Concentrez-vous sur votre porte

Tenez-vous à l'extérieur de la maison, dans le jardin, et concentrez-vous sur l'entrée principale. Assurez-vous que la porte est ouverte. Le meilleur moment pour cet exercice est tôt le matin, par temps clair. Fermez les yeux et imaginez le soleil comme une boule de lumière blanche nourrissante qui pulse. Ne le fixez pas ; son éclat peut vous aveugler. Percevez sa présence dans le ciel et visualisez-le dans votre esprit.

Faites entrer la lumière

Imaginez que le soleil envoie un rayon de lumière depuis le ciel, et sentez-le pénétrer lentement et gentiment dans votre maison. Visualisez-le éclairer la maison de sa précieuse essence yang dès l'instant de son entrée, baignant tout l'intérieur de son éclat.

C'est une visualisation extrêmement purificatrice. Imprégnée d'une intense concentration, la maison semble immédiatement plus légère. L'engourdissement de ses résidants se dissipe. La colère disparaît. Les sentiments d'abattement et de peur s'évanouissent. Le soleil est un bon catalyseur pour le chargement en énergie. On peut apprendre à maîtriser son énergie grâce au pouvoir de l'esprit. En effectuant cette visualisation, vous vous sentirez entouré d'amitié et d'amour. Faites-la quand vous vous sentez vidé, ou si votre famille traverse une période difficile.

Pour purifier le désordre mental, imaginez un fleuve de bougies flottantes, ou des ruisseaux de lumières en fibres optiques.

Comment utiliser l'énergie terre des lieux sacrés 102

L'énergie terre est probablement la plus intense des énergies des cinq éléments. J'en suis consciente car, comme beaucoup de gens, j'ai marché sur des terres sacrées et j'ai ressenti le pouvoir de cette énergie pulser sous mes pieds.

Le sol de ces endroits sacrés – surtout de ceux où de nombreux pèlerins vont réciter des prières et psalmodier des mantras – se charge ainsi en énergie depuis des siècles. Ramenez chez vous quelques particules de terre et parsemez-les dans votre jardin. Mon jardin contient de la terre provenant de plusieurs lieux de pèlerinage du monde entier. Je crois que c'est une des raisons de la luxuriance de mes plantes, de l'épanouissement de mes fleurs et de l'abondance de fruits qui chargent mes arbres.

S'accorder à l'esprit de la terre

Encore plus important, en me concentrant sur le terrain sur lequel est bâtie ma maison, j'honore la terre en dessous. Je deviens aussi consciente du pouvoir de l'énergie terre de ma maison.

J'ai placé trois gros rochers dans la partie sud-ouest de mon jardin, pour représenter la trinité terre – ciel – homme. Les personnes vivant en appartement peuvent placer aussi des pierres particulières ou semi-précieuses au sud-ouest, qui activeront cette partie de leur demeure avec une énergie terre intense. Placez un petit paquet de pièces de monnaie (trois, six ou neuf) enveloppé de rouge sous les pierres pour les activer, créant ainsi d'intenses émanations d'énergie terre. Si vous connaissez le Feng shui de l'Étoile volante, vous pouvez activer similairement l'étoile faste de la montagne.

Toute pierre – cailloux, roches, cristaux, rochers – représente l'énergie terre.

Si vous le pouvez, ramenez chez vous un peu de terre de la maison d'un homme riche. Mélangez-la à votre sol, ou placez-la dans un sachet en plastique et gardez-la comme réceptacle de votre richesse.

Ces conseils activent l'énergie terre pour fortifier la « chance de relations », non seulement dans le mariage et la famille, mais aussi avec les collègues, les chefs et les associés.

Gardez un peu de terre du jardin d'un homme riche pour favoriser la richesse.

103 Façons de stimuler le « chi de croissance » et la « chance de soutien »

S'ils ont été taillés et polis jusqu'à une taille moyenne, les cristaux naturels et les pierres semi-précieuses sont plus puissants que les blocs de granit. Ils prennent l'aspect de l'énergie de la montagne et entretiennent parfaitement les parties terre de la maison.

J'aime beaucoup le jade ou les pierres de couleur verte taillées en forme de rectangles. Ils représentent un « chi de croissance » intense. Les pierres de couleur verte placées dans leur bureau – soit derrière eux, soit dans les coins sud-ouest ou nord-est de la pièce, sont propices pour les entrepreneurs. Cela suscitera des contacts avec des associés utiles et influents. La chance de relations ainsi générée profitera à leurs affaires.

Les pierres précieuses et semi-précieuses génèrent la chance de soutien – l'appui des autres.

Le quartz rose poli, monté sur un joli support en bois de séquoia, est très propice à l'amour, tandis que les autres roches de couleur terre attirent la bonne volonté des gens.

Si vous voulez créer une « chance de soutien » de n'importe quel genre, investissez dans l'une de ces pierres semi-précieuses. Elles sont actuellement faciles à trouver.

Jadis, les palais des mandarins et des officiels influents de la cour étaient décorés de belles pierres précieuses. Peu sont apparues sur le marché, car les Chinois considèrent qu'elles doivent rester toujours dans la famille. Si vous visitez certains musées de Chine, vous y verrez quelques pierres semi-précieuses ayant décoré des demeures familiales pendant d'innombrables années.

Rituels pour purifier roches et cristaux 104

Si vous faites entrer dans la maison n'importe quel type de fortifiant de l'énergie terre – dont les roches et les cristaux, quelle que soit leur taille et leur forme – n'oubliez pas qu'il emmagasine de l'énergie et contient en même temps des charges positives et négatives. Il est conseillé de purifier les pierres de l'énergie négative qu'elles ont pu ramasser avant d'arriver dans votre maison. Tout livre traitant des cristaux présente plusieurs façons de les purifier.

Placez-les par exemple à l'air, pour qu'ils soient baignés par le soleil ou par la pluie, ce qui les charge ainsi du chi naturel de l'extérieur. C'est, en fait, la meilleure façon de charger en énergie les cristaux à une seule pointe.

J'amène avec moi la plupart de mes cristaux lorsque je vais à la plage ou dans les montagnes, car en ces lieux l'environnement naturel est pur et a une extraordinaire énergie. Lorsqu'on les ramène à la maison, les cristaux sont chargés d'énergie naturelle.

Rituel de purification de sept jours
J'utilise un rituel de purification très simple. Je plonge mes cristaux et roches dans une solution de sel de mer et de sel gemme, pendant 7 jours et 7 nuits. Le sel dissout très efficacement les traces de l'énergie ancienne et efface toutes les vibrations précédentes qui subsistent dans les roches.

Si on fait briller sur eux une lumière vive, cette énergie merveilleuse est libérée dans la maison. Conférez à vos roches et cristaux une énergie supplémentaire via les mantras particuliers et/ou les symboles énergétiques. Correctement chargés en énergie grâce à des mantras significatifs écrits ou psalmodiés, ces cristaux et roches dissipent toute énergie négative nuisant à l'harmonie et à la chance de relations des membres de votre maisonnée. Quand vous y ajoutez la dimension supplémentaire du chargement en énergie grâce à des symboles mystiques particuliers, leur effet s'accroît encore davantage.

J'ai inclus dans ce livre un chapitre sur le pouvoir des symboles mystiques et leur utilisation pour charger en énergie les roches et les cristaux, pour le bénéfice des espaces de vie. De telles roches énergisées sont de puissantes sources de « chi de relations » et font entrer de bonnes vibrations dans une maison. Les relations deviennent très harmonieuses.

On peut utiliser un mélange de sel de mer et de sel gemme pour purifier les cristaux.

105 Préliminaires pour le chargement en énergie

Débarrasser votre maison va au-delà du rangement. Le désordre physique représente juste une strate de la matrice énergétique de la maison. Pour qu'un espace soit un véritable paradis pour ses habitants, la plupart des demeures ont besoin d'une purification physique et spirituelle.

Introduire le ménage spirituel

Le premier pas sur la voie de la purification spirituelle de l'espace, véritable bond quantique, est de donner régulièrement les objets inutiles ou superflus, car le bien-être de toute maison et de ses résidants dépend de la qualité de son champ aurique. Celui-ci a constamment besoin de purification, pour empêcher l'accumulation d'énergie négative, morte ou tueuse menaçant d'adversité et d'infortune les occupants de la maison.

Tout ce qui concerne la purification spatiale des champs énergétiques nuisibles commence toujours au niveau matériel. Éliminer les objets inutiles dissipe l'énergie stagnante et négative et donne de l'élan à l'énergie de la maison. Pourtant, quand le bric-à-brac matériel a disparu, il subsiste souvent une énergie négative résiduelle qu'il faut éliminer. Pour cela, on doit purifier la dimension psychique – faire le ménage spirituel (voir Astuce 107).

Ce processus est réalisé par des rituels simples de chargement énergétique (voir Astuce 110), qui fortifient l'éclat positif du champ aurique de la maison. Ces rituels soutiennent l'énergie de la maison, faisant d'elle un sanctuaire de paix et un endroit de vie très harmonieux, où les résidants prospèrent jusqu'à un âge avancé.

Où commencer

Avant d'utiliser les techniques de chargement énergétique qui amélioreront l'énergie de la maison, il faut observer trois préliminaires essentiels, car le travail psychique sur les champs énergétiques est invisible et immatériel.

Les trois étapes du ménage céleste

1. Établir la détermination : installez votre intention et votre rêve d'un environnement harmonieux (voir Astuce 106).
2. Ménage psychique : utilisez encens, sons et techniques de visualisation pour purifier l'espace spirituel (voir Astuces 107, 108).
3. Rituels d'achèvement : consacrer le ménage psychique aux résidants de votre maison (voir Astuce 109).

Établissez la détermination 106

Plus votre motivation est forte, plus vous aurez du succès. Pour établir une motivation juste, on n'a besoin ni de mantras ni de prières. Connaître les raisons de ses actions renforce dans l'esprit ce qu'on veut de sa maison. D'ordinaire, cela évoque des sentiments forts et la détermination de continuer le travail, tout en permettant la fusion de l'intention consciente avec celle subconsciente. Bref, établir sa motivation est en soi très énergisant.

Qu'attend-on ?

Ne soyez pas obsédé par vos attentes. On peut parler longuement de l'attitude détendue à l'égard de la purification de l'espace psychique. Comme pour la pratique du Feng shui, plus vous étés détendu et serein, plus vos chances de réussite sont grandes. Ne vous inquiétez pas des erreurs que vous pourrez faire. Accompagnez votre courant intérieur d'énergie et faites confiance à vos capacités innées. N'oubliez pas que vous pouvez communiquer directement avec l'énergie qui tourbillonne autour de vous. Le simple fait de concentrer l'esprit équivaut à appuyer sur la touche « marche ». Engager consciemment le mental c'est lui donner la permission et les instructions pour toucher les champs énergétiques immatériels de notre existence même.

Récemment, de nombreuses études se sont intéressées à ces champs énergétiques. Quantité de données nouvelles émergent et sont utilisées avec grand succès dans le travail de guérison – qui répare les champs énergétiques du corps physique et mental, ainsi que le champ aurique de l'espace et du temps.

Sur le plan pratique, adoptez une approche immédiate ou à court terme de la purification psychique de votre espace, tout en précisant dans votre esprit quels sont les objectifs à long terme. Passez quelques moments à penser aux différentes méthodes expliquées ici, et décidez quels rituels vous préférez. Rappelez-vous que l'enlèvement du bric-à-brac dans les diverses pièces a déjà mis le chi en mouvement dans votre maison et que la purification de l'espace psychique fait avancer l'exercice d'un autre pas dans les domaines auriques spirituels de la demeure. La purification est ainsi plus profonde, si bien que les effets de l'ensemble de l'exercice de débarras durent plus longtemps.

Une fois que vous avez généré fortement votre motivation, le reste sera facile. Le voyage déjà commencé dans l'esprit, action se déroule sans heurts.

Liste de contrôle

1. Devenez fort – pensez à ce que vous voulez en fait de votre maison et de votre vie. Mettez-le sur papier, si cela aide à vous concentrer.

2. Allez plus loin – pensez à ce processus mental de la même façon qu'à l'élimination du fouillis matériel. Établir votre détermination est le premier pas pour conduire le processus de débarras à son niveau suivant.

3. Tout commence par une pensée, une idée ou une conversation. Réfléchissez-y et voyez où cela vous conduit. Admettez que vos rêves sont justes, qu'ils ne sont pas ce que vous pensiez, et vous serez sur la bonne voie.

107 Purification psychique de la maison

De nombreuses méthodes de purification psychique existent. Par exemple, la purification par l'encens et les sons, ou la combinaison de celle-ci avec les rituels de purification psychique d'autres traditions que vous connaissez. Si vous voulez renforcer la purification au niveau psychique, les rituels effectués au niveau physique doivent être accompagnés par des visualisations.

Les visualisations engagent le pouvoir de votre esprit et puisent dans ce que j'appelle l'esprit universel – la source suprême de toute la connaissance, la sagesse et la pureté. Elles œuvrent en parallèle avec l'esprit, mais à un niveau plus subtil.

La purification psychique n'implique pas de rester immobile – utilisez des visualisations tout en nettoyant physiquement, pour conférer à votre maison encore plus d'énergie.

Comment balayer la négativité

En balayant chez vous, ajoutez à votre activité cette dimension psychique. Imaginez que vous éliminez la malchance, les attitudes négatives, la colère et tout ce qui cause frustration et anxiété aux membres de votre maisonnée. Visualisez toutes ces choses négatives rejetées de votre maison à chaque coup de balai. Comprenez que vous utilisez le pouvoir de la source universelle pour y parvenir.

De la même manière, visualisez tout ce qui est négatif dans votre vie, la tension et les problèmes, en train d'être avalés par l'aspirateur que vous passez dans la pièce. À mesure que l'aspirateur absorbe la saleté du plancher, imaginez qu'il aspire aussi ce qui vous cause chagrin, stress et tristesse.

Comment absorber la tristesse avec du sel

Pour essuyer les surfaces des tables, des placards, des étagères et des meubles, préférez une solution de sel gemme aux produits de nettoyage. La purification psychique n'exige pas de substances particulières. Il suffit d'un chiffon humide plongé dans du sel et d'une visualisation : l'énergie négative subsistante est épongée, les surfaces sont exemptes d'énergies psychiques nuisibles ou déprimantes.

Lorsque vous avez maîtrisé l'art de la visualisation de cette élimination des énergies négatives, utilisez des visualisations similaires en purifiant l'espace avec de l'encens et des sons. Par exemple, imaginez que le son d'une cloche ou d'un bol chantant absorbe le chi négatif et le transforme en énergie agréable, fraîche, apportant bonheur et joie dans votre maison. Terminez vos séances de purification par des dédicaces (voir Astuce 109).

Quand effectuer une purification psychique 108

La purification psychique peut être spontanée ou programmée. Je préfère me laisser porter par le courant plutôt que planifier. Parfois, si je vois à mon réveil des signes indiquant qu'une purification psychique est nécessaire, je l'effectue.

Quels sont ces signes ? Je fais attention à toutes sortes de petites choses allant de travers. Je peux ressentir le besoin urgent de brûler de l'encens autour de l'entrée de ma maison, que certains signes me confirmeront – la porte se bloque, je ne trouve pas mes clés de voiture, l'ordinateur tombe en panne, le chien fait tomber les pots de fleurs. Pour moi, ces petits désagréments sont des messages du cosmos, rappelant gentiment que les choses qui m'entourent ont besoin d'être purifiés. Si vous êtes sensible à votre environnement, vous serez surpris de la vitesse avec laquelle vous notez ces signes. Votre maison vous « parlera » à travers eux.

La communication est toujours symbolique. Parfois, les signes indiquent que les énergies négatives sont considérables – par exemple, vous vous levez les yeux enflés, le chien boite, la voiture touche la porte du garage quand vous reculez, vous glissez dans la salle de bains et vous vous coupez. Ces signes suggèrent que le moment est venu de s'accorder à l'espace environnant et de procéder à une sérieuse purification spatiale. Accordez-vous consciemment au champ aurique de votre maison, pour identifier toute poche d'énergie yin ou des coins où le chi est usé et stagnant. Soyez très réceptif aux messages que votre maison vous envoie.

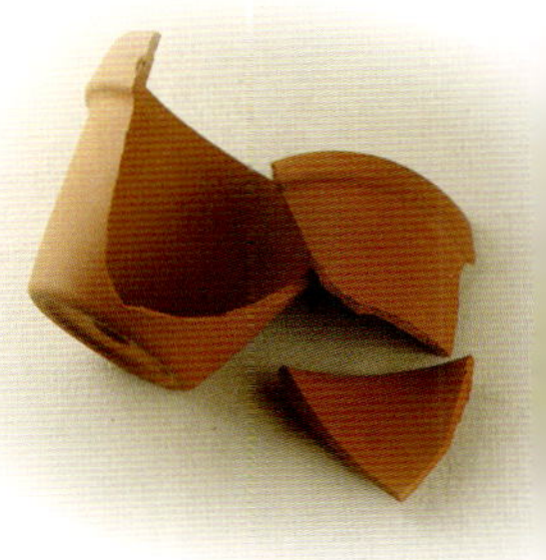

Les petits accidents, depuis un pot de fleurs cassé aux clés perdues, peuvent signaler un déséquilibre de l'énergie de votre maison qui exige de l'attention.

Raisons d'observer les rituels finaux 109

À chaque fois que vous restaurez l'énergie et les champs auriques de votre maison grâce à de puissantes visualisations, passez quelques minutes à dédier le processus aux habitants de celle-ci. Ces dédicaces conservent l'énergie dans une place et complètent le processus de purification de l'espace. Elles scellent aussi votre travail, de sorte que ses effets subsistent plus longtemps et que la gravité de tout événement négatif qui intervient par la suite est amoindrie.

La purification psychique régulière d'une maison est très importante, car elle élimine et dilue l'énergie négative. Vous ne verrez pas ce travail, qui empêche ce qui est mauvais de se produire.

Les médecins de la cour impériale chinoise pratiquaient avec grand soin la médecine préventive, car ils risquaient de perdre leur travail (et même leur tête) si l'Empereur tombait malade. De même, les conseillers Feng shui doivent être capables de donner des conseils pour prévenir la défaite, les pertes et la maladie. Par exemple, les maîtres chinois qui viennent dans une maison pour purifier l'espace après une maladie ou un décès, terminent souvent un rituel en brûlant des morceaux de papier jaune sur lesquels sont inscrites des dédicaces particulières. Vous pouvez faire pareil. Écrivez une bénédiction générale pour la maison et ses résidants, comme : « Puissent tous ceux qui demeurent ici vivre en harmonie et puisse la prospérité arriver jusqu'à eux », puis brûlez le papier. Cet acte scelle la dédicace dans la maison.

110 Chargement psychique en énergie et maîtrise du chi

On connaît diverses façons de charger psychiquement en énergie votre maison et les objets qu'elle contient. J'ai appris quelques méthodes, qui m'ont permis d'énergiser mes bijoux, les transformant ainsi en amulettes et talismans protecteurs. Les objets propices placés autour de ma maison sont énergisés similairement. Voilà pourquoi je crois autant aux symboles de chance.

Les chargements psychiques en énergie sont différents des bénédictions. Ils impliquent le renforcement des champs auriques d'énergie – puiser dans la source universelle –, alors que les bénédictions font appel aux divinités. Il y a une grande différence entre ces deux pratiques quant à l'intensité. Les bénédictions sont toujours plus efficaces qu'un simple chargement psychique en énergie. Les plus puissantes sont celles des lamas et des yogis très avancés spirituellement, bien que celles des parents et des gens âgés qui ont vécu une bonne vie ou celles des maîtres ayant développé des réalisations spirituelles, soient aussi très efficientes.

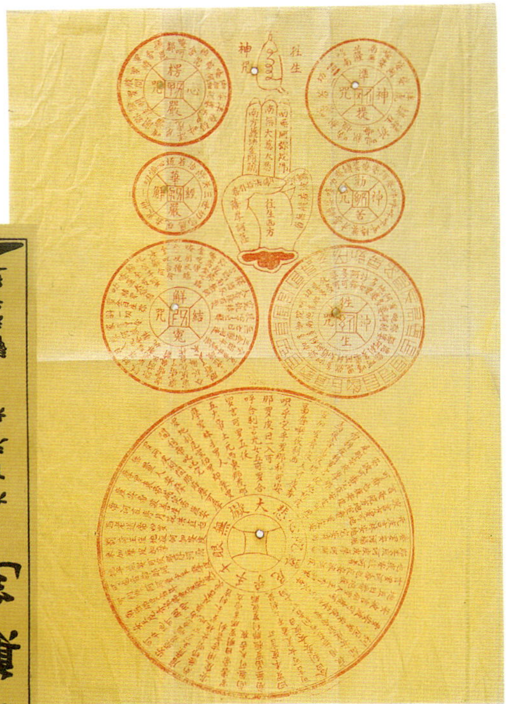

Les maîtres taoïstes connaissent des symboles puissants servant à maîtriser l'énergie chi lors des rituels.

Dans les écoles taoïstes de Hong Kong, de Taïwan et de Chine, dont les maîtres résidants sont plus âgés, les disciples apprennent de nombreuses techniques taoïstes de maîtrise du chi, similaires au chargement psychique en énergie. Ces techniques sont secrètes, bien que récemment un nombre de plus en plus grand ait été dévoilé. Les méthodes taoïstes de chargement en énergie sont basées sur une compréhension juste du chi, qui est une force vitale. Le chi est également au cœur de la philosophie et de la magie taoïstes. Selon les maîtres taoïstes, tout est chi et tout possède du chi.

Chi et chi kung

L'étude du chi peut être assimilée au chi kung, utilisé d'ordinaire pour entretenir la santé. Cet art a plusieurs branches, dont les plus connues sont les exercices physiques utilisant des techniques de respiration activant le chi du corps humain.

Un autre type de chi kung incorpore des visualisations. Celles-ci aiguisent la prise de conscience de la nature, ainsi que la sensibilité à la qualité du chi qui nous entoure. Ce sont des méthodes intensifiant la conscience psychique et les chargements en énergie.

Trouver un maître pour apprendre les techniques de chargement en énergie

La plupart des techniques de chargement énergétique sont enseignées uniquement aux disciples avancés du chi kung, du kung fu ou du taoïsme, autrement dit à ceux qui ont maîtrisé parfaitement les exercices physiques. Une bonne partie de l'enseignement concerne les méditations assises ou debout, les visualisations créatives et le contrôle de la respiration. J'ai eu la chance de pouvoir apprendre les techniques de méditation et les visualisations sans avoir à passer par la longue période d'apprentissage des exercices physiques. On m'a avertie que mon corps allait souffrir si j'effectuais les méditations en un état de stress ou de tension, car leur impact négatif sur mon corps serait ainsi accru. N'ayant pas pratiqué la plupart des mouvements et exercices physiques, à chaque fois que je m'assois sur le tapis de méditation, je dois au minimum détendre mon corps et le libérer de toute tension, afin de développer ma capacité d'imagerie mentale.

Apprendre à visualiser

Le secret est d'être aussi détendu que possible. C'est seulement lorsqu'on se détache de son environnement et ne se laisse pas distraire que les visualisations deviennent claires et fortes. Dans le processus, on arrive presque à accéder à d'autres plans de conscience.

J'ai constaté que les exercices simples de méditation du chi kung impliquant des visualisations mentales conviennent à tous. Il est très utile de se trouver un bon professeur, capable de vous apprendre certains secrets de la pratique chi kung touchant à la magie taoïste. Les quelques exercices appris des grands maîtres lorsque j'avais 20 ans m'ont bien servie. Ils m'ont aidée à rester jeune et vigoureuse. J'ai eu toutefois la chance d'être prise en charge par quelques yogis hautement réalisés – praticiens spirituels dotés d'un grand savoir-faire de méditation et de visualisation. J'ai rencontré mon maître le plus remarquable en 1997, le lama Zopa Rinpoché. Ses enseignements se concentrent surtout sur la purification de l'esprit et la motivation de ses méthodes est plutôt la génération d'un cœur bon, conduisant à l'illumination, que la création de la richesse matérielle.

J'ai constaté qu'en pratiquant des méditations plus spirituelles, ma capacité d'effectuer la purification psychique de mon espace physique a fait un bond quantique quant à son efficacité. Si vous désirez apprendre le chargement énergétique, je vous conseille vivement de trouver un maître.

La méditation et la visualisation pratiquées sous la direction d'un maître, accroissent votre capacité à transformer l'atmosphère de votre maison.

112 Éclairez le champ aurique du corps humain

Tous les gens sont dotés de la capacité de percevoir l'énergie (le chi) avec leurs mains, et donc de la recevoir et de la transmettre aux espaces, aux objets et même à d'autres personnes. C'est ainsi qu'on procède pour la guérison. On peut développer la sensibilité des mains, pour qu'elles reçoivent l'énergie du soleil et de la lune, qui fortifiera et éclaircira le champ aurique de l'individu.

Il suffit de pratiquer. Considérez que le corps humain possède trois colonnes centrales d'énergie, puis pensez aux forces tournant autour du corps, depuis la tête jusqu'aux pieds. Quand vous avez appris à recevoir l'énergie du soleil ou de la lune, celle-ci est transmise à votre champ aurique, qui est ainsi intensifié.

Plus vous pensez à votre champ aurique et le visualisez, plus il vous sera facile de visualiser des champs auriques similaires entourant des objets. Tout ce qui existe dans l'univers est entouré d'une énergie vibrante. Vos mains enverront de l'énergie aux champs auriques des objets, les fortifiant. Comme le travail de chargement en énergie prend place au niveau de ces champs auriques, lorsque vous réussissez à intensifier le côté yang positif des objets, ceux-ci émettent un chi de prospérité, positif ou protecteur, qui dépendra de leurs significations symboliques.

En appréhendant ces notions, vous pourrez charger en énergie le champ aurique de votre maison et celui des objets particuliers qu'elle renferme. C'est une technique très intéressante, complémentaire du Feng shui. La visualisation, le travail sur le chi et sur les champs auriques sont des pratiques très efficaces du Feng shui interne.

Vous pouvez apprendre à recevoir l'énergie positive de la nature en rendant votre corps sensible à l'environnement.

Sensibilisez vos mains 113

La première étape du chargement énergétique est la culture de la sensibilité des mains à l'égard de l'énergie, grâce à quelques exercices simples. Vous devez savoir par ailleurs comment capturer, percevoir et transmettre l'énergie. Les mains conviennent parfaitement à ce travail, car les paumes sont très sensibles aux vibrations du chi. Commencez par frotter vos mains l'une contre l'autre dans un mouvement montant et descendant – d'abord lentement, puis rapidement. Vous sentirez là une chaleur, un picotement. Cette chaleur est très bénéfique pour les yeux. Appuyez vos paumes sur les yeux, pour percevoir l'énergie.

Énergiser vos paumes

Ces exercices aident à sensibiliser vos paumes :

1. Placez les paumes devant vous. Frottez les autres doigts avec le pouce, pour que les paumes s'ouvrent et se ferment. Répétez 20 fois.

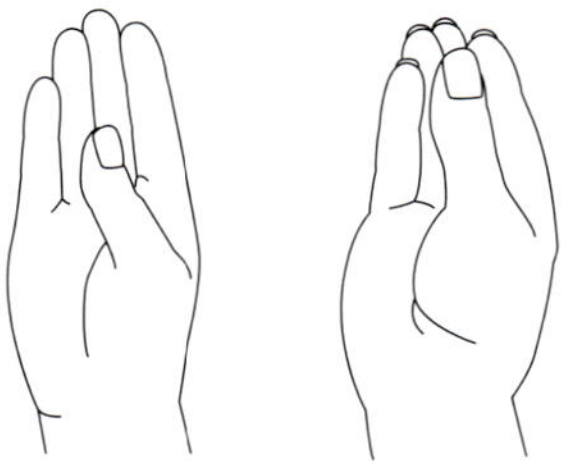

2. Frottez les paumes l'une contre l'autre, jusqu'à percevoir une chaleur. Développez la sensibilité à la texture de vos paumes.

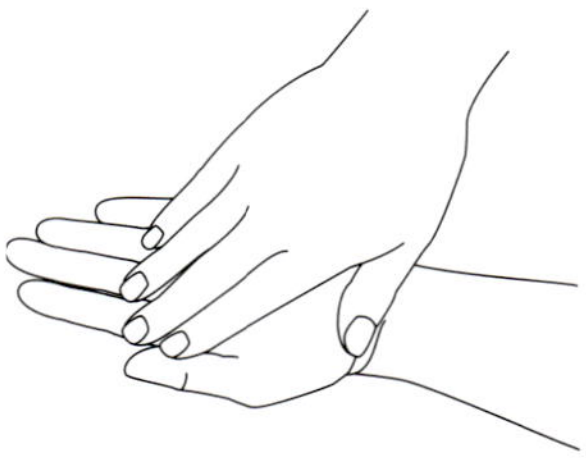

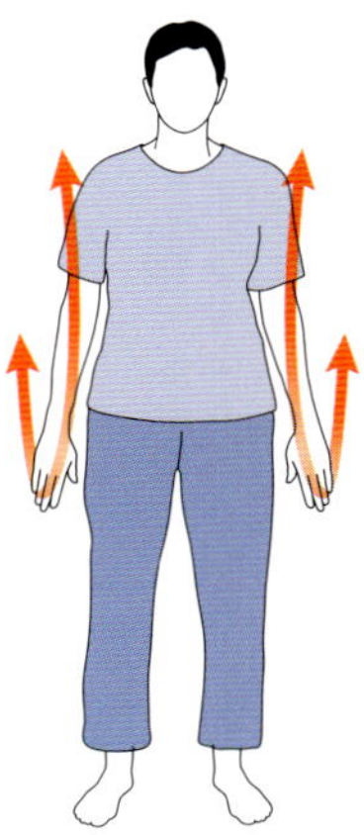

3. Tenez-vous debout, les jambes écartées de 30 cm, les bras sur les côtés. Les paumes tournées vers le bas, faites osciller légèrement vos bras en avant et en arrière 20 fois, aussi haut qu'ils montent sans effort. Les bras pendent détendus. Cela fait se mouvoir le chi autour du corps.

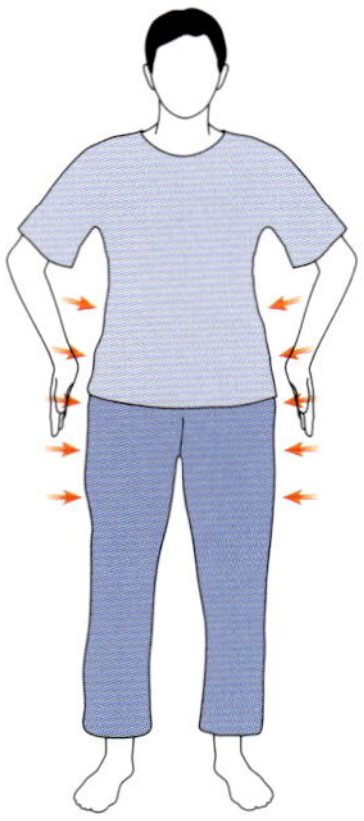

4. Tournez vos paumes vers les côtés du corps, et frappez doucement 20 fois, en montant et en descendant. Sentez l'oscillation dans les bras, qui fait avancer le chi.

5. Levez les paumes devant vous, tournées l'une vers l'autre, écartées de 20 cm. Maintenez-les ainsi environ une minute. Vous devez pouvoir sentir le chi qui passe entre vos mains. Écartez lentement les paumes pour percevoir le chi en expansion, puis rapprochez-les pour sentir le chi se contracter. C'est comme si vous teniez une balle entre vos mains. Imaginez-la se dilater et se contracter.

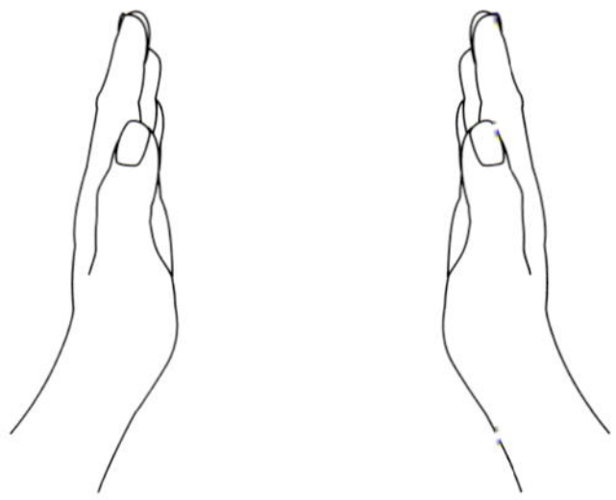

Si vous ne percevez pas le chi immédiatement, après quelques jours de pratique vous y arriverez. Lorsque vous sentez le chi, vous êtes prêt à recevoir et à envoyer de l'énergie avec vos mains. Commencez à effectuer des chargements énergétiques simples. Plus vous pratiquez, plus vos mains deviennent sensibles.

114 Envoyez et recevez de l'énergie avec les mains

Pratiquez l'envoi et la réception de l'énergie avec vos mains jusqu'à ce que vous vous habituiez à cette sensation. Chaque personne perçoit l'énergie du cosmos à sa propre façon. Tout le monde ne ressent pas un picotement, certains perçoivent une chaleur, d'autres ont une sensation impossible à décrire. La plupart des gens ne savent pas qu'ils peuvent recevoir le chi du soleil, de la lune, des plantes, des arbres, des fleurs, etc. Les mains sont sensibles tant aux énergies positives qu'à celles négatives. Les processus mentaux décident si on reçoit ou non l'énergie. Celle-ci sera transmise uniquement quand l'esprit s'y accorde et se concentre sur sa réception.

Après avoir développé la sensibilité de vos mains, exercez-vous à écouter l'énergie de votre maison. Placez vos paumes à plat sur les murs, les faisant tourner lentement dans le sens contraire aux aiguilles d'une montre. Ce procédé fait ressortir l'énergie ancienne. Si vous l'écoutez, vous commencerez à absorber le sentiment qu'elle transmet. D'habitude, l'énergie positive est radieuse, alors que celle négative transmet peur, colère et dépression. Vérifiez les murs de chaque pièce au moins une fois, pour en percevoir l'énergie.

Bol chantant

Maillet en bois

Ajoutez à la purification de l'espace des symboles de protection, comme le Pi Yao chinois.

Comment purifier l'air

Si vous vous sentez épuisé, l'environnement aspire votre énergie. Votre maison a besoin d'une énergie yang fraîche. Offrez-lui un bain d'air et de soleil en ouvrant toutes les portes et les fenêtres pendant un moment. Laissez allumée une lumière vive la nuit, au moins pendant quelques heures.

Si vous êtes en colère, frustré, déprimé, ou si vous ressentez une quelconque émotion négative, l'énergie de votre maison exige d'être purifiée. Trop d'énergie résiduelle subsiste probablement après une dispute. Purifiez l'espace en utilisant un bol chantant et un maillet en bois (vois Astuce 69).

Si vous sentez que la peur monte en vous, l'énergie de votre maison est submergée par le chi tueur. Cherchez les flèches empoisonnées que vous n'avez pas remarquées – les bords saillants, les images hostiles, les couleurs discordantes. En attendant, servez-vous d'un bol chantant pour purifier rapidement l'espace, puis investissez dans des images de créatures protectrices (chiens Fu, Chi Lin, Pi Yao, tortue, dragon) qui dissiperont le chi tueur.

Si vous avez la nausée ou un brusque mal de ventre, le chi de maladie vous entoure. Purifiez l'espace en brûlant de l'encens.

Créez un cocon de lumière bleue pour la protection 115

Les personnes qui connaissent la visualisation créative ou qui ont déjà pratiqué la méditation, n'auront aucun mal à créer mentalement un champ de force.

1. Tenez-vous au centre de la pièce. Levez les bras haut, les paumes ouvertes tournées vers l'extérieur. Inspirez profondément en ce faisant, puis abaissez lentement les paumes de quelques centimètres. Expirez. Répétez trois fois pour éveiller le chi. Visualisez la réception de l'énergie sous la forme d'une lumière dorée de l'univers.

2. Tournez les mains vers le ciel, paumes ouvertes, comme pour recevoir l'énergie de l'univers. Percevez le chi en vous accordant à vos paumes. Restez ainsi quelques minutes. Quand vous ressentez un picotement dans les paumes, tournez celles-ci lentement, pour qu'elles se fassent face. Vos bras sont toujours au-dessus de votre tête.

3. Abaissez lentement les bras, comme si vous teniez entre vos paumes une sphère transparente de lumière bleue protectrice. Tenez bien cette sphère d'énergie intense et éclatante.

4. Écartez ensuite très doucement les paumes et imaginez la sphère de lumière grandissant de plus en plus. Visualisez-la devenir plus brillante et plus large, jusqu'à ce qu'elle soit plus grande que vous, que la pièce, que la maison – jusqu'à ce que sa lumière protectrice englobe la maison ou l'immeuble. Rien de négatif ne peut pénétrer le champ de force généré par cette sphère d'énergie lumineuse.

5. Concentrez-vous intensément sur cette aura protectrice entourant votre maison. Soyez certain de son pouvoir. Visualisez gentiment cette lumière renfermant dans un cocon votre maison, appartement ou chambre. Pensez : « C'est le champ énergétique de mon espace/maison/chambre. Rien de mal ne peut le pénétrer. » Gardez à l'esprit une image de votre maison entourée du cocon de lumière bleue, qui forme un halo protecteur autour d'elle.

116 Créez un champ de force de chi protecteur

Avant d'entreprendre tout travail de chargement énergétique, habituez-vous à créer un champ défensif de chi autour de la maison. Ainsi, si un bruit ou des esprits errants vous dérangent, ils ne pourront pas traverser votre cocon de lumière. C'est comme si un bouclier invisible défendait la maison pour que son énergie ne succombe pas aux attaques du chi hostile. Vous y arriverez en développant votre visualisation concentrée. Tous les gens sont capables de créer ces visualisations. Les images que vous évoquez possèdent un pouvoir mystérieux qui peut être canalisé en créant un champ de force qui protège la maison.

Ce champ de force défend la maison de plusieurs manières. En premier lieu, il interdit au chi hostile de traverser l'aura naturelle de votre maison. Ensuite, il empêche d'entrer tous ceux dont les intentions envers les résidants sont malfaisantes et agit comme une barrière invisible contre les esprits errants qui coexistent avec nous, mais sur un plan différent. Le pouvoir du champ de force que vous érigez dépend de l'intensité de la concentration à laquelle vous faites appel pour le créer. Plus vous êtes accordé à l'énergie de votre maison, plus vous êtes proche de son esprit et, donc, plus le champ de force est chargé en énergie. Une affinité avec l'esprit de votre maison charge vos visualisations d'une extraordinaire énergie. Ce genre de chargement ne peut jamais être utilisé pour faire du mal. Il agit mieux quand la motivation est pure – par exemple, quand les parents protègent leurs enfants, leurs visualisations mentales sont très puissantes, car l'énergie sous-jacente est un amour inconditionnel, dont l'esprit est très fort.

117 Autre manière de créer une protection bleue

Visualisez un halo de lumière bleue au-dessus de votre maison, projetant des rayons protecteurs. Cette méthode, ainsi que celle décrite à l'Astuce 115 sont aussi efficaces que votre esprit le leur permet d'être. La nuit, quand tout le monde dort, ce sont d'excellentes façons de protéger votre maison du vol et de l'incendie. En pratiquant régulièrement ces visualisations, votre demeure jouira d'une merveilleuse sérénité – l'harmonie générée par le sentiment de n'en faire qu'un avec le cosmos. Vous puisez activement l'énergie vitale de l'univers et la canalisez ainsi chez vous, chargeant la maison de chi yin/yang, le taï chi universel. Effectuez de manière régulière cet exercice d'imagination mentale et vos progrès après une seule semaine d'exercice seront étonnants.

Si vous vivez en appartement, imaginez un cocon de lumière bleue enveloppant l'ensemble du bâtiment, de sorte que tous ses résidants bénéficient de votre splendide visualisation. Avant d'effectuer cette visualisation protectrice, tenez-vous devant l'immeuble et imprégnez votre subconscient de son image.

Pratiquez avec une concentration décidée. Gardez à l'esprit que vous n'utilisez pas votre propre énergie pour charger la maison de chi protecteur – vous vous servez d'énergie tirée du cosmos. Avec cet exercice, vous ne craignez jamais l'épuisement. Restez détendu. Le grand secret de la réussite de la visualisation est la capacité de générer une prise de conscience relaxée du subconscient, accordée au cosmos.

Un rituel d'ancrage à l'heure du dragon 118

La maison tire une grande partie de sa force et vigueur du sol sur lequel elle est bâtie. Lorsque cette force s'épuise ou est mise à rude épreuve par une accumulation excessive de chi yin dans la maison, il faut puiser de l'énergie dans le sol pour améliorer son état. Imaginez que votre maison est dotée d'une corde d'ancrage, qui relie son centre aux entrailles de la terre. Pensez-y comme à une racine épaisse qui plonge profondément dans le sol et envoie vers l'extérieur des milliers de petites radicelles, imprégnées de l'énergie de la terre. Les racines ramènent cette énergie dans la maison.

Cette visualisation très puissante attire le chi terre dans la maison. Elle est particulièrement adaptée au renforcement de la chance de relations de tous les résidants. Imaginez la racine s'enfonçant aux tréfonds de la terre et dirigeant cette énergie vers la maison. Grâce à cette corde d'ancrage le chi de la maison sera équilibré, deviendra plus fort et plus vigoureux.

Quand vous avez l'impression que le monde entier s'est ligué contre vous, quand vous vous sentez mal aimé et avez besoin d'amis, il vous faut vous charger en énergie. Lorsque vous traversez une période de dépression, quand vous avez plus que votre part de problèmes relationnels et d'intrigues à votre travail, cette énergie vous réconfortera.

Ce chargement énergétique qui se sert de la corde d'ancrage doit être effectué tôt le matin, au cours de l'heure du dragon (7 à 9 h), quand la visualisation est la plus intense.

Symbole du dragon accompagné d'une calligraphie.

Ce faisant, examinez les alentours de la maison. Assurez-vous qu'il n'y a pas d'arbres trop proches de la maison. Le cas échéant, leur feuillage ne doit pas ombrager la maison au point de bloquer l'énergie solaire génératrice de vie. Les racines des arbres proches risquent par ailleurs de gêner la corde d'ancrage invisible de la maison, ce qui suscitera chez les habitants de celle-ci un sentiment d'instabilité et de déséquilibre, aboutissant à une brusque perte du soutien des amis et des collègues. Dans ce genre de situation, tenez-vous devant le bâtiment, tôt le matin, inspirez profondément et, en tendant les mains devant vous, visualisez une lumière jaune très brillante à la base du centre de votre maison. Visualisez la corde d'ancrage en train de s'imprégner de lumière jaune et suivez-la mentalement jusqu'aux profondeurs de la terre. « Voyez » les racines s'éclairer, à mesure que votre mental conscient les touche. Percevez ensuite le jaillissement de l'énergie qui monte vers votre maison, la stabilisant et la centrant.

Passez quelques instants à installer l'image mentale de la maison, avec sa corde d'ancrage éclairée – un étalage de lumière pareil au motif des racines plongeant profondément dans la terre. Pensez : « Je charge ma maison de l'énergie de la terre, qui rétablit sa stabilité et fait revenir dans ma vie une excellente chance de relations. »

119 S'accorder à l'esprit gardien de la maison

Toutes les maisons ont des esprits gardiens. Ceux-ci sont différents des entités ou parasites venant d'autres plans cosmiques. L'esprit de la maison n'est ni une entité ni un fantôme, et certainement pas une déité. Ne le considérez pas comme tel. L'esprit de la maison se contente d'exister. Quand il est heureux, son aura est radieuse, quand il est malheureux, il émet des vibrations tristes et éplorées.

L'esprit de la maison peut être tenu pour l'ensemble de son énergie, répondant aux événements et aux gens qui occupent les lieux. Peu de gens se rendent compte que l'esprit d'une maison pastiche ses habitants et que la somme totale des vibrations énergétiques émises par ces résidants joue un rôle déterminant dans la qualité de l'énergie de la demeure.

Une maison peut être décorée de symboles qui résument son esprit. C'est évident si l'emplacement de votre maison a beaucoup de cachet – une résidence au bord de l'eau sera décorée d'images de bateaux et de coquillages qui se font l'écho de la présence de l'esprit protecteur.

Par exemple, quand les résidants laissent souvent exploser leur colère dans de violentes batailles verbales, la maison se fâche. Lorsqu'un patriarche tyrannique et implacable, qui est la personne la plus imposante de la famille, domine tous les autres, l'énergie de la maison sera gouvernée par des sentiments de peur. C'est à cause de cette influence humaine que les prisons ont une énergie si affreuse, que les hôpitaux sont remplis de chi de maladie, que les postes de police sont dominés par un sentiment brut de violence.

Les maisons ont une personnalité

Les bâtiments aspirent l'énergie de leurs occupants. La circulation de celle-ci reflète le chi dominant des résidants. Quand vous vous accordez à l'esprit gardien d'un bâtiment, vous constatez qu'il résume les énergies des sentiments exhibés par ses résidants. L'esprit d'une demeure heureuse est heureux. Un air radieux attire des vibrations positives, tandis qu'une atmosphère découragée attire des réactions et des effets négatifs.

La purification de l'espace ne peut pas s'arrêter au nettoyage de la maison. Il est nécessaire, vital même, d'éliminer le désordre du mental. Ce faisant, vous débarrassez votre environnement et vous-même de toutes les irritations, stress et tensions qui génèrent un chi négatif excessif.

Éliminez le fouillis mental 120

Hélas, notre tête abrite énormément de fouillis, accumulé au fil des ans, consciemment ou non. Depuis le moment de notre naissance, nous gardons des pensées inutiles dans divers compartiments. Comme le mental a une capacité d'emmagasinage illimitée, nous ne sommes pas conscients du bric-à-brac de données qui s'y trouve. Avec le temps, nous accumulons des expériences tristes, qui renforcent les attitudes négatives portant tort au bien-être et à l'état d'esprit. Les souvenirs déprimants consolidés par le temps conduisent à la frustration, à la colère, à la jalousie, aux fixations nuisibles, au stress et probablement aux peurs et aux phobies. Nous serions plus heureux en tant qu'individus si nous diminuions l'intensité et la quantité de nos informations parasites ou, encore mieux, les éliminions pour de bon. Cela allégera le fardeau qui désoriente le cerveau, qui conteste notre capacité à rester logiques, calmes et heureux.

Qu'est-ce qui conduit à la libération mentale ?

Le bric-à-brac mental doit être éliminé encore plus que celui matériel. Le début du nettoyage matériel met en route le processus global de débarras qui affecte le mental, agissant comme un catalyseur.

On a écrit des milliers de livres sur la mémoire humaine, sur sa capacité, le conscient et le subconscient, la façon dont le cerveau se souvient des informations et les utilise, l'influence directe et indirecte de tout ce qu'on a vu, entendu, ressenti, appris et digéré sur notre comportement et nos attitudes.

On pense que le mental est si puissant qu'il n'oublie rien. Si l'on en croit les nouvelles données sur les vies antérieures et les souvenirs qu'en ont les gens, il apparaît que le mental n'oublie pas non plus ce qu'il a appris lors de ces épisodes. Autrement dit, il est difficile d'éliminer la négativité du mental. De plus, quand on pense au volume d'informations emmagasinées – expériences, sentiments, attitudes – le bric-à-brac matériel n'est rien par comparaison.

Rituel pour la libération mentale

Fermez les yeux (attention à ne pas vous endormir) et accordez-vous à votre mental. Observez les pensées qui y circulent. Vous prendrez ainsi conscience du nombre de pensées aléatoires qui s'entrelacent dans votre conscience. Répétez ce rituel à chaque fois que vous vous sentez en colère, frustré ou stressé, quand le nom d'une personne importante pour vous apparaît, quand on discute d'une question qui vous tient à cœur. Observez votre mental pour sentir ce qui s'y passe. Répétez-le en essayant d'étudier, de travailler ou de vous concentrer. Le nombre de pensées futiles qui interrompent votre réflexion est étonnant. Libérer le mental des pensées négatives et inutiles accroît la concentration et diminue la tension et les peurs. Décidez-le consciemment, car cette libération émotionnelle mènera à une vie moins stressante.

Nous absorbons tous les jours des informations utiles et inutiles, qui s'accumulent jusqu'à constituer un bric-à-brac mental négatif.

121 Abandonnez vos phobies de victime et de perdant

Beaucoup de gens souffrent de phobies liées à la peur de l'échec. C'est ce que j'appelle « phobie du perdant ». La peur d'être une victime, d'être trompé ou escroqué lui est apparente de près. Les peurs sont en fait la somme de toutes les expériences négatives emmagasinées dans le mental. Les médecins et les chercheurs ont découvert que les soi-disant phobies irrationnelles plongent leurs racines dans des traumatismes anciens, profondément enfouis dans les recoins de la mémoire. De même, les rappels matériels d'épisodes passés – objets que nous gardons cachés au fond des tiroirs et dans des coins sombres – sont reliés aux souvenirs que nous avons l'impression d'avoir oubliés.

Deux des plus grandes peurs de l'humanité – qui semblent en être la source de tant d'autres – sont d'être une victime ou un perdant. Ces peurs empêchent de se relier au moi supérieur. Elles nous privent de la vitalité nécessaire pour avancer, nous empêchent d'être ce que nous sommes et pouvons devenir. La peur de perdre et la peur d'être une victime sont de grands obstacles à la réussite. Si nous ne libérons pas le mental des souvenirs subconscients qui renforcent ces peurs, nous n'aurons jamais le courage de faire un pas dans l'inconnu.

Les expériences anciennes peuvent agir comme un fouillis émotionnel négatif, susceptible d'inciter à un comportement de victime ou de perdant à l'âge adulte.

Rituel pour avancer

Essayez de vous débarrasser de vos mécanismes de défense.

1. Soyez conscient des modèles de vos réactions aux gens et aux situations, puis inspirez profondément, souriez-vous et laissez aller !
2. Dites-vous : « Pas besoin de crier, de pleurer, de se troubler ou de devenir fou. Pas besoin d'avoir peur, personne à blâmer, aucune importance qui a raison ou qui a tort. Je connais maintenant la situation et je vais la gérer, car j'en suis capable. »
3. Si vous le faites assez souvent, vous éliminerez énormément de comportement négatif et nuisible. Vous serez agréablement surpris de la vitesse de disparition des situations difficiles.

Les effets de « victimes » et de « perdants »

Ces phobies, victime et perdant, sabotent les relations et poussent les gens à se comporter de manière autodestructrice. Observez comment vous réagissez à des situations d'échec, quand les choses tournent mal, avec vos amis ou des gens insupportables à votre travail. Notez ce qui vous irrite, vous fait vous retirer ou être sur la défensive. Si vous cherchez constamment quelqu'un à blâmer, vous souffrez de la phobie de la victime. Si vous vous sentez sans cesse obligé d'expliquer ou de vous lamenter pour vous défendre, même pour des choses insignifiantes, vous souffrez de la phobie du perdant.

Libérez le mental de l'attitude de fouillis 122

L'épanouissement personnel doit précéder la purification du mental des phobies nuisibles. C'est là le plus grand obstacle. Quand vous avez admis vos peurs, il est rarement nécessaire qu'une autre personne soit consciente de vos exercices mentaux de purification ou y participe. Toutefois, certains ont besoin d'un guide ou d'un thérapeute qui les aidera à admettre l'existence des peurs – celles-ci s'évanouiront dès qu'ils se rendront compte de leur présence.

Éliminer l'attitude de fouillis

Comme l'énergie spirituelle négative, qui exige énormément d'efforts pour être totalement délogée, les phobies comportementales sont profondément enfouies en vous et ne peuvent pas être éliminées en l'espace d'une nuit. Cependant, quand vous commencez à en prendre conscience, l'acceptation de votre vulnérabilité permet le déclenchement du processus d'élimination de cette attitude. La peur de la douleur, la colère, le rejet, la frustration font partie de la vie. Les situations et les relations difficiles sont à gérer et à surmonter, pas à craindre. Considérer ainsi les relations et les situations exige un changement d'attitude, qui prendra place uniquement lorsque les attitudes d'autodestruction seront rejetées, chassées, exclues.

Assumer une attitude yang

L'attitude est applicable à tout ce qui arrive. Les attitudes yin et yang sont deux aspects de la même situation, de la même personne. Le choix nous appartient quant à l'aspect que nous voulons voir et auquel nous voulons réagir. Même quand nous tenons la situation ou la personne avec laquelle nous interagissons pour yin, nous pouvons encore réagir positivement de façon yang. Quand on se fait une habitude de réagir toujours de manière yang, on met en place un modèle de liens yang pour l'avenir et on élimine celui yin.

Une attitude yang favorise les amitiés basées sur l'ouverture et la positivité.

Les modèles de liens yang sont très revitalisants. Ils ouvrent la voie aux occasions et aux relations positives. Par contre, ceux yin ferment les portes à ces développements, font apparaître des ennemis et aggravent les situations. Ils suscitent un désordre mental encore plus grand, qui renforce les réactions d'autodestruction.

123 Abandonnez le comportement autodestructeur

Quand nous repoussons les gens, notre comportement est autodestructeur. Nous jouons avec leurs sentiments, les poussons à bout, insensibles à leur chagrin. Nous oublions parfois que chacune de nos actions suscite une réaction égale. Ce sont nos émotions nuisibles qui nous incitent à ces façons autodestructrices.

Qu'est le fouillis de l'ego ?

Le fouillis naît de l'égotisme de l'autoglorification. J'ai vu beaucoup de gens atteindre des sommets de réalisation et d'achèvement, seulement pour s'autodétruire en laissant le bric-à-brac de leur propre rhétorique les rendre aveugles à la réalité. Ils ont perdu leur clarté originelle en permettant à l'euphorie de la réalisation de pomper dans leur mental quantité de bêtises.

Récemment, nous avons assisté à la chute de célèbres chefs d'entreprise – ce que la revue *Economist* appelle « les idoles tombées » – admirés du monde des affaires, qui se sont détruits eux-mêmes en négligeant de libérer leur mental du fouillis rhétorique. Ils se sont fiés à leur propre publicité, oubliant ce qui leur a apporté le succès en premier lieu, et se sont laissés submerger par les louanges. Beaucoup de célébrités succombent à l'accumulation de ce genre de fouillis mental. Lorsque l'esprit est surchargé d'idioties, on n'arrive pas à les gérer et à faire la différence entre ce qui est bon et ce qui est mauvais, ni de dire quels sont les vrais amis. À sa manière, le fouillis engendre une grande confusion.

Même les personnes qui ont réussi, dont le style de vie est opulent, doivent faire attention au fouillis de l'ego – à mesure que les accolades et les objets d'art s'accumulent, le fouillis mental fait pareil.

Il peut prendre de nombreuses formes, dont la pire est l'incitation au comportement autodestructeur. Méfiez-vous des louanges démesurées. Ne laissez pas une rhétorique excessive vous monter à la tête. Restez ancré. Comme je vous l'ai conseillé pour votre maison, créez une corde d'ancrage qui garde fermement vos pieds sur terre. Quand on vole trop haut, on est susceptible de vaincre la force de gravité et de devenir ainsi incapable de percevoir le poids du bric-à-brac dans sa tête. Dans cet état d'esprit, on risque de s'autodétruire.

Pour le syndrome de « solitude », adoptez un animal 124

Certains souffrent de ce que j'appelle le syndrome de la « solitude ». Ils ont été solitaires tellement de temps que leur esprit déborde de pensées négatives : ils sont seuls, indignes d'être aimés, convaincus de ne pas être assez attirants, assez intéressants, assez beaux. Ce genre de personne a renoncé à l'amour et souffre d'ordinaire des conséquences déprimantes du peu de respect de soi. Ces personnes peuvent connaître une extraordinaire réussite dans leur vie professionnelle, mais quand on en vient à un autre être humain, elles se protègent derrière des murs invisibles. C'est très triste pour elles.

Jadis, ce genre d'attitude était écarté rapidement et considéré comme un manque d'intérêt pour le mariage. Récemment, on l'a reconnu comme étant un type particulier de syndrome – un modèle comportemental récurrent suscité par certains traumatismes profonds, qui ont convaincu la personne qu'elle est destinée à être seule ou qu'elle s'en sortira mieux ainsi.

L'épagneul et la célibataire

J'ai fait sortir une amie de ce genre d'attitude. Elle était persuadée d'être physiquement peu attirante et donc destinée à rester vieille fille. Très intelligente, directrice financière qui valait son poids en or pour la société qui l'employait, elle s'accrochait tellement à la réussite de sa vie professionnelle pour camoufler une grande solitude. Dans un certain sens, elle avait tiré les rideaux pour se protéger du rejet et éloigner ainsi les gens, sans même s'en rendre compte. Hors du domaine professionnel, elle avait du mal à développer un quelconque genre de relation avec qui que ce soit, particulièrement avec les hommes. En fait, elle aspirait désespérément à trouver une âme sœur, à se marier, à avoir des enfants, à entamer un semblant de vie personnelle. Néanmoins, elle souffrait du syndrome de solitude dans une forme si aiguë qu'elle rejetait toute personne susceptible de trop s'approcher.

J'ai essayé une solution Feng shui. J'ai pensé qu'elle avait besoin d'énergie yang dans sa maison : je lui ai fait donc cadeau d'un adorable épagneul blond – le genre de chien qu'on ne peut pas s'empêcher d'aimer. Son changement a été étonnant. Peu après que le chien fut entre dans sa maison, elle est devenue une autre personne. Il y avait de la chaleur dans sa voix et ses manières s'étaient adoucies. Le beau petit épagneul l'aimait follement. Pour la première fois de sa vie, elle s'est rendu compte qu'elle pouvait être aimée et qu'elle pouvait aimer. Inutile de dire, cela a dissipé le syndrome de solitude qui l'avait emprisonnée. Peu de temps après, elle a rencontré un homme, avec lequel elle s'est mariée. Par la suite, elle a reconnu devant moi que Jasper (son épagneul) l'avait incitée à affronter le bric-à-brac de bêtises accumulé dans sa tête à propos de l'amour.

S'occuper d'un animal génère de l'énergie yang, qui aide à briser les obstacles et apporte l'amour.

125 Se débarrasser du fardeau émotionnel

Le fardeau émotionnel peut s'accumuler au fil des années, devenant de plus en plus lourd et difficile à porter.

Tout le monde est tourmenté par un quelconque fardeau émotionnel – attitudes et préjugés mentaux qui enferment et poussent à réagir négativement aux gens et aux situations. Chacun a ses bêtes noires, obsessions et aversions personnelles pour certains gens, endroits et situations. Dans le meilleur des cas, ce fardeau émotionnel est inoffensif ou ennuyeux ; dans le pire des cas, il suscite colère et rancune pouvant durer toute une vie. Ce sont des offenses et des insultes impardonnables, qui font serrer les poings et se souvenir de la trahison. Je suis sans cesse étonnée par l'intensité des sentiments attachés au fardeau émotionnel et je me demande comment quiconque peut supporter ce poids pendant des années. Il est tellement facile de s'en débarrasser, de laisser se dissiper le souvenir de la trahison, de la maltraitance, des insultes ou des offenses.

Les démagogues vous encouragent à nourrir votre colère. Cela ne fera qu'ajouter au fardeau que vous portez. De telles idées négatives s'accroissent avec le temps, car le mental imagine toutes sortes de maux et d'ennemis. Débarrassez-vous de ce fardeau émotionnel avant qu'il vous domine et se transforme en tragédie aux graves conséquences.

126 S'éloigner des amis exaspérants

De même que vous éliminez le fouillis de l'espace de vie et du mental, vous pouvez aussi éloigner les amis indésirables. Vous n'avez pas besoin de l'exaspération générée par ceux qui vous rabaissent constamment, vous découragent et vous dépriment avec leur façon de réagir négativement à ce que vous faites, dites, et aux décisions que vous prenez. (J'ai été comblée de bonheur après avoir fait un effort conscient pour écarter les gens qui me donnent le sentiment d'être indigne et guère attachante.)

N'oubliez pas que le groupe que vous rassemblez autour de vous ajoute à l'énergie de votre vie. Les gens négatifs aggravent ce qui est négatif dans votre vie. Les amis qui vous jugent transforment tout en combat. Entourez-vous d'amis qui font ressortir ce qui est meilleur en vous, qui vous rappellent les victoires anciennes, qui vous font rire avec assurance et sont certains que vous pouvez réaliser pratiquement n'importe quoi. Les amis qui se réjouissent de vos moments de bonheur confèrent de l'éclat à votre vie.

Quand les parents et les professeurs vous rabaissent l'esprit par des jugements négatifs, vous devez apprendre à gérer la situation. Adulte, on n'a plus besoin de supporter des gens qui nous jugent selon leurs standards et qui nous font sentir moins capables que nous le sommes. On peut choisir qui on veut avoir autour de soi, avec qui on veut s'associer, sortir, discuter. Faites dès le début un effort conscient pour élaguer votre environnement social. Écartez les amis qui vous mettent mal à l'aise. Le chi des gens négatifs est très nuisible. Si vous voulez vous sentir mieux à propos de vous et de votre vie, débarrassez-vous du bric-à-brac social.

Éliminez les émotions négatives – retraites de guérison émotionnelle

L'un des plus importants aspects de l'élimination du bric-à-brac de votre espace – physique et mental – est la gestion des vieilles blessures irrésolues et des croyances anciennes qui vous empêchent d'avancer. Parmi celles-ci on trouve les habitudes comportementales autrefois utiles, qui vous ont servi dans précédemment, mais qui vous perturbent maintenant. Par ailleurs, vous pouvez approcher ce processus en tentant de vous guérir vous-même des traumatismes et des situations qui causent malaise et chagrin. Identifiez-les, puis débarrassez-vous-en pour pouvoir avancer. Si vous arrivez à vous libérer émotionnellement de ce qui vous retient, vous pouvez vivre dans le présent et savourer la richesse de votre situation actuelle.

Comment fonctionne la retraite

Une bonne façon de vous guérir émotionnellement est de faire une retraite. Celle-ci vous offre l'occasion de revoir les modèles de pensée et d'action qui vous empêchent de vivre pleinement dans le présent. Seul, loin de votre famille et de votre bureau, vous pourrez passer en revue tous les événements de votre vie au cours de ces dix dernières années et trier ce que vous avez accumulé, tant en termes de biens matériels qu'en termes d'habitudes mentales, devenues la « personne » que le monde voit en vous.

Les retraites d'élimination vous permettent de voir l'accumulation de choses positives et négatives et d'affronter toutes les questions que vous avez ignorées ou laissées de côté, la famille et les amis que vous avez évités parce que vous étiez trop occupé pour vous souvenir de leur existence.

La guérison peut agir physiquement et mentalement. De même que des thérapies comme le massage aident le corps à se détendre et à éliminer les toxines, les retraites de guérison émotionnelle favorisent le relâchement des anciennes attitudes et des souvenirs négatifs, débarrassant et purifiant le mental.

Une puissante guérison émotionnelle est susceptible de survenir quand vous êtes loin de votre terrain familier. Éloigné de vos systèmes de soutien habituels, votre moi peut faire surface. Souvent, les premiers jours d'une retraite sont difficiles. Les choses négatives, généralement douloureuses, doivent se montrer pour que la guérison émotionnelle se produise. Observez leurs combats internes sans réagir. Quand la colère et l'agitation montent en vous, reculez.

C'est comme si vous laviez du linge. D'abord, la saleté s'en va et l'eau fonce puis, à mesure que la lessive avance, l'eau devient de plus en plus claire. La purification émotionnelle est pareille. Le processus sera d'abord difficile, puis les choses iront mieux, il sera confus, puis la vraie clarté émergera.

128 Affirmations pour reénergiser le respect de soi

Depuis aussi longtemps que je peux me souvenir, j'ai profondément cru aux affirmations. J'ai découvert très tôt que si je souhaitais intensément qu'une chose arrive, si je le répétais sans cesse, si j'en pensais positivement, elle se manifestait. De même, si je voulais posséder un certain savoir-faire ou capacité, je répétais résolument ce désir dans mon esprit, et les situations s'arrangeaient pour que j'acquière le savoir ou l'expérience auxquels j'aspirais.

C'est ainsi que je me suis retrouvée la propriétaire d'un grand magasin de Hong Kong vers le milieu des années quatre-vingt. J'avais découvert que j'aimais faire des achats, mais c'était drôle seulement quand on disposait de beaucoup d'argent. Mon subconscient malin m'a incitée à obtenir le genre de prêt bancaire dont je m'étais occupée pendant des années dans le cadre de mon travail, pour que je puisse acquérir ce magasin. Deux ans durant, je me suis occupée des achats pour mes treize succursales. C'était fascinant. Quand je me suis fatiguée de cette vie, j'ai vendu le magasin.

L'utilisation quotidienne des cartes d'affirmations favorise la génération d'une énergie positive.

Plus tard, lorsque j'ai découvert les mantras et constaté que les yogis et les lamas passent leur vie à les psalmodier dans leur quête de la transformation du mental et de l'illumination, ma foi dans les affirmations a été multipliée par mille. Depuis lors, j'ai dirigé mes affirmations vers des buts moins matériels et plus spirituels. Je désire sincèrement transformer maintenant mon mental.

Si vous désirez charger en énergie votre aura, il est vital d'avoir une bonne estime de soi, de croire en votre capacité d'avoir foi, de faire confiance, d'aimer et de respecter les autres sans égotisme. Le respect de soi naît des pensées positives qui souhaitent que les autres se sentent bien, et des affirmations générant le sentiment d'aisance avec ce que vous êtes.

Laisser aller la peur

On doit éliminer la peur de blesser son ego. Quand la peur a disparu, tout ce qui est négatif se dissipe. Vous n'attirez plus des situations ou des gens négatifs, car vous êtes à l'aise avec ce que vous êtes et avec qui vous êtes. Vous ne verrez même plus quoi que ce soit comme étant négatif, et votre aura sera ainsi chargée en énergie. Vous attirerez alors dans votre monde des gens tendres, positifs. Le bonheur est à votre portée.

Utilisez les affirmations mentales et verbales pour écarter tout le désordre entourant votre ego. Acceptez-vous pour qui et quoi vous êtes, rejetez tout ce qui vous rend craintif, coléreux, obsédé, envieux, sur la défensive – et sentez-vous bien dans votre peau.

Laissez aller le passé et avancez 129

Nous devons éliminer tout seuls le fouillis mental. On ne peut pas déléguer cette action, car elle est en rapport étroit avec notre système essentiel de valeurs. Personne ne peut l'effectuer à votre place, même pas les thérapeutes experts en psychologie et en guérison.

Si vous n'êtes pas préparé à laisser aller les croyances obsolètes et les systèmes anciens de valeurs qui bloquent votre avancée et nuisent à votre potentiel de réussite, si vous n'êtes pas disposé à écarter les attitudes excessives et superflues dans la situation présente, vous ne pourrez pas laisser entrer dans votre conscience de nouvelles idées et de l'énergie fraîche à des points cruciaux de votre vie. En passant d'une phase de la vie à une autre, admettez l'idée que les périodes de transition peuvent sembler incertaines et même quelque peu instables. Dans la vie, tout tournant exige des concessions. C'est un moment où vous serez forcé de passer au crible ce qui est important pour vous et ce qui ne l'est pas, afin d'éliminer le dernier.

L'élimination du fouillis mental exige de laisser aller le passé pour pouvoir avancer. Soyez préparé à écarter les idées obsolètes et les systèmes de croyance qui ne sont plus significatifs. Parfois, ce processus mettra au défi vos valeurs profondément enracinées. C'est à vous de décider.

Quand vous étouffez, changez la décoration 130

Les images que vous regardez tous les jours ont un effet très profond sur le subconscient. De telles images peuvent être négatives ou positives, nourrissantes et énergisantes ou épuisantes et affaiblissantes. Si vous vous sentez devenir claustrophobe, si vous avez besoin de plus d'espace pour respirer, cette impression est due d'ordinaire à l'effet des images perturbant votre subconscient. Prenez quelques jours de vacances pour vous éloigner de la routine de votre vie, ou changez les tableaux qui décorent votre maison. L'art inspire et élève le moral. Néanmoins, le passage du temps rend parfois les tableaux étouffants. Changez-les quand vous avez l'impression d'être oppressé.

Le changement de l'ambiance de votre environnement par la modification de la couleur et des images qui vous entourent est le meilleur antidote au sentiment que la vie devient de plus en plus difficile. En utilisant ce remède, n'oubliez pas de changer aussi les couleurs dominantes de votre environnement. Si vous ressentez le besoin de vous développer et avez besoin d'un plus de vitalité, choisissez des nuances plus claires. Utilisez des nuances plus foncées si vous voulez être plus ancré.

L'art est un jeu de couleurs et de formes qui ont un intense effet sur le bien-être. Évitez d'accrocher sur vos murs des objets évoquant la perte ou l'horreur (images déformées, animaux féroces, orages, feux, portraits de personnes âgées). Préférez les cieux bleus, les eaux calmes. Si vous désirez attirer de nouvelles expériences, choisissez un tableau montrant des oiseaux, messagers du cosmos. Vous invitez ainsi le cosmos à induire dans votre vie des expériences inédites et radieuses.

131 Fortifiez votre aura

Le chargement en énergie d'une aura humaine est un exercice spirituel exigeant une intense concentration mentale et de puissantes visualisations. L'intensité de vos champs auriques est liée à la santé mentale, émotionnelle et physique. Elle est affectée par vos humeurs, par vos réactions à des stimuli extérieurs. L'aura est formée de plusieurs strates entourant le corps humain. Ses couleurs translucides changent, deviennent plus claires ou plus foncées en fonction d'une multitude de stimuli (climat, humeur individuelle, énergie de l'environnement, événements). Plus que tout, l'aura est affectée par la santé physique et mentale. Il est possible de la charger en énergie. Si votre corps et mental sont en bonne santé, votre aura sera intense. La maladie épuise l'éclat intrinsèque de l'aura et fait pâlir ses couleurs. Les toxines présentes dans le corps épuisent l'aura et l'affaiblissent.

La méditation et la nourriture saine diminuent le stress interne et externe du corps, favorisent la santé et donc l'aura.

Détoxication

Depuis peu, on utilise diverses méthodes pour aider la détoxication du corps. Personnellement, j'ai essayé avec succès la réflexologie du pied qui permet au chi de circuler dans l'ensemble du corps. Pour rester en bonne santé, j'effectue régulièrement des séances qui m'aident à me débarrasser des toxines de mes organes internes. On peut aussi pratiquer des exercices chi kung simples (voir Astuces 3, 6). Tant que le chi se déplace dans le corps, l'aura reste forte et saine.

J'ai parlé à quelques yogis, que leur modestie empêche la plupart du temps d'admettre leurs pouvoirs siddhiques. Je sais que leur aura brille d'un éclat divin grâce à leur capacité de méditation. Ils m'ont affirmé que la vie vertueuse est importante pour la fortification de l'aura. Restez pure, m'ont-ils dit. Évitez de faire du mal aux humains, aux animaux, à toutes les créatures vivantes. Ne vous enivrez pas, ne succombez pas excessivement aux stimulants et à l'occasion faites quelques sacrifices pour purifier votre corps. Devenez végétarienne ou, encore mieux, jeûnez une journée. Donnez au mental et au corps une chance de libérer les pensées négatives. Quand vous psalmodiez vos mantras de purification, m'ont-ils dit, visualisez les toxines, les pensées négatives, le mal spirituel accumulés depuis des temps immémoriaux, sortir par toutes les ouvertures du corps, sous la forme d'encre noire, de scorpions, de crapauds et de serpents. Pensez à vous – corps et mental – comme étant totalement purifié.

Quand votre conscience est purifiée, votre aura brille, elle se charge de pouvoir, elle devient plus forte.

Se baigner dans de l'eau salée pour purifier le champ aurique

132

Un rituel de purification moins spirituel, qui élève néanmoins le moral, est le bain salé. Le plus facile est de se trouver une belle plage et de s'immerger dans l'eau de la mer. Cette méthode simple et efficace neutralise tout dommage au corps ainsi que toutes afflictions mentales pouvant susciter dépression, faiblesse, tension et déroute.

De nombreuses traditions spirituelles anciennes prônent le pouvoir des bains de mer. En Indonésie, l'un des rituels pour purifier l'individu souffrant d'un « dommage spirituel » (influences négatives) consiste à immerger tout le corps de celui-ci dans la mer pendant sept jours successifs. La mer est censée guérir une large gamme de maux causés par des déséquilibres spirituels. Les cristaux de sel présents dans l'eau de mer sont excellents pour purifier le champ aurique des impuretés et des afflictions qui épuisent l'énergie du corps humain.

La prochaine fois que vous passez vos vacances au bord de la mer, choisissez des plages peu fréquentées. Les plages sauvages, dont les eaux n'ont pas été polluées sont les meilleurs endroits pour la pratique de la purification aurique. Les eaux avançant sur les plages intactes sont comparables aux sommets des montagnes quant à leur énergie pure et intense.

Évitez les endroits où subsiste le fléau de la guerre ou du terrorisme, les tueries et le pillage. Ceux-ci génèrent des vibrations très négatives.

La purification et le nombre sept

Le nombre sept est toujours significatif lors des rituels de purification. Il correspond aux sept chakras (centres énergétiques du corps) ainsi qu'aux sept planètes importantes qui affectent le bien-être – Soleil, Lune, Jupiter, Saturne, Mars, Vénus et Mercure. Les Hindous ajoutent deux autres planètes – Rahu et Ketu. Dans beaucoup de leurs rites ésotériques, les Chinois ajoutent aussi deux étoiles aux sept planètes de base. Lorsque j'effectue un rituel de purification, je le poursuis pendant 9 jours. Je connais des praticiens très sérieux qui le font pendant 7 fois 7 jours (49 jours).

Une visualisation de purification

Utilisez cette visualisation pour rendre plus fort le rituel du bain. Imaginez qu'en vous plongeant dans le bain, les tensions, maux, douleurs, chagrins, stress de votre vie suintent à travers vos pores et se dissolvent dans l'eau salée. Visualisez les vagues les emporter loin dans la mer et les faire éclater en milliards de particules. Si vous arrivez à effectuer ce rituel, accompagné de visualisations intenses, pendant 7 jours à la même heure du matin, il sera effectivement très puissant. Si vous ne disposez pas de 7 jours, effectuez-le 7 fois dans la même journée.

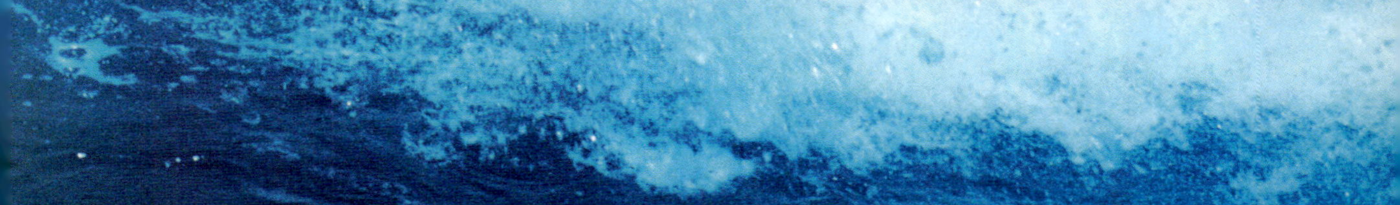

133 Le « bain yin des sept fleurs » pour la purification

Prendre des bains purificateurs est un rituel traditionnel populaire, depuis peu intégré dans les services offerts par les stations thermales et les centres de détoxication du monde entier. Vous pouvez aussi les intégrer à vos rituels de purification mentale et physique.

Le bain yin

Une purification simple est le « bain yin des sept fleurs ». Quand vous vous baignez dans une eau à dominante yin contenant sept fleurs, vous préparez la scène pour ce que les sages appellent le « zénith du yin ». Immergez votre corps dans l'eau activée par sept fleurs propices différentes. Ce bain rituel rend la personne plus calme et mentalement détachée de son environnement.

Dans l'eau, elle se concentre sur chacune des fleurs, en se servant des pétales pour focaliser ses pensées et écarter les pensées errantes. Cette visualisation favorise la relaxation du mental, s'harmonise avec le soi et transcende lentement tous les aspects d'un comportement routinier. Ce détachement relaxé permet au chi yang de la personne qui prend le bain de s'accroître (chi yang terrestre ou céleste). Lorsque le yang céleste monte, sans être dissous et éparpillé par l'attachement mental aux pensées errantes, il incite le chi céleste à s'unir au chi terrestre, suscitant ainsi sa montée lumineuse. Le baigneur se sent alors vraiment centré et serein. On tient ce bain pour magique.

Ce n'est qu'une des meilleures façons de faire monter l'énergie céleste yang pour vous entourer de l'essence de la réussite. Choisissez soigneusement vos fleurs qui doivent représenter les couleurs des cinq éléments. Pour fortifier le chi de relation, utilisez plus de couleurs terre. Pour renforcer l'aura du succès, mettez l'accent sur les fleurs jaunes et rouges. Je conseille des fleurs jaunes, particulièrement des chrysanthèmes, car elles sont très fastes et symbolisent beaucoup de bonnes choses – succès, célébrité, bonheur. J'aime aussi les fleurs blanches, comme le magnolia, ainsi que les fleurs de prunier et de cerisier, signifiant la longévité de la chance. Vous pouvez aussi choisir le jasmin, les roses et d'autres fleurs parfumées. À Bali, l'île spirituelle spécialisée dans ce genre de bains, les gens aiment se servir des fleurs du frangipanier, qui symbolisent divers types de chance.

Les billes de bain contenant diverses huiles essentielles de fleurs, qui se dissolvent dans l'eau, sont une alternative luxueuse aux fleurs fraîches.

Quand vous êtes déprimé, déplacez le chi 134

Une façon infaillible de fortifier votre aura lorsque vous vous sentez déprimé est de faire déplacer le chi de votre environnement immédiat. Il peut s'agir de votre bureau, si vous êtes déprimé par vos affaires, ou de votre chambre à coucher si la dépression est liée à votre vie amoureuse, ou de tout espace où vous passez beaucoup de temps.

Une couleur vibrante et de nouveaux tableaux sur les murs modifient l'énergie et revitalisent la pièce.

Déplacer le chi
Pour déplacer le chi, il suffit de bouger les objets qui occupent une place fixe – tables, chaises, jardinières, tapisseries – et les installer à un autre endroit.

Déplacer le chi du bureau.
Pour mouvoir le chi de votre bureau, faites changer de place votre table – quelques centimètres (environ 8) suffiront. Quand vous bougez une table de quelques centimètres à gauche ou à droite, vous enclenchez toute une série de changements du déplacement du chi autour de vous. Si vous changez de place la table, vous devez faire pareil pour la chaise, si bien que la circulation du chi sera modifiée et revitalisée.

Déplacer le chi des murs. Décrochez vos photographies, posters ou tableaux, nettoyez-les, puis replacez-les à un endroit légèrement différent ou intervertissez leurs places. Ou remplacez-les par des nouveaux. Passez environ une heure à faire mouvoir le chi. Quand vous avez fini, vous vous sentirez beaucoup mieux. Si vous avez des jardinières et des plantes dans votre bureau, déplacez-les aussi pour créer de nouveaux mouvements du chi. Achevez votre brève séance en vérifiant s'il y a des choses à jeter – vieilles feuilles de papier, enveloppes vides, vieux journaux et revues. Le cas échéant, jetez-les.

Déplacer le chi de la chambre à coucher.
Enlevez le matelas, changez le linge et déplacez le lit. Nettoyez sous le lit, enlevez les toiles d'araignée et la poussière accumulées là. Si possible, faites prendre au matelas et aux oreillers un bain de soleil. Rien ne fait mieux disparaître la dépression qu'une forte dose d'énergie yang.

135 Quand vous êtes défait, redisposez votre bureau

Quand vous vous sentez défait, faible, impuissant, votre énergie et votre enthousiasme s'affaiblissent considérablement. Tout le monde connaît ce genre de période, qui indique d'ordinaire un affaiblissement ou un épuisement de l'essence chi. La plupart du temps, ces sensations sont suscitées par l'espace de travail. Quand vous éprouvez un sentiment d'abattement, un événement en a été le catalyseur : rejet, échec, déception, remontrance, critique, illogisme à votre égard. Dans ce cas, tout ce qui vous entoure ajoutera à la frustration.

À de tels moments, servez-vous du Feng shui pour remonter votre moral et restaurer votre confiance en vous. Votre bureau est le microcosme de l'emblème taï chi (voir Astuce 141), un représentant de l'essence universelle yin et yang, telle qu'elle est exprimée par le symbole Pa Koua. Divisez-le en neuf cases, à l'image du carré Lo Shu (voir Astuce 145). La direction à laquelle vous faites face est l'ancrage, la case centrale supérieure de votre bureau. Si vous faites face au sud, cette case est la case sud. La case centrale inférieure (la plus proche de vous) sera la case nord.

L'ordinateur fait face à une direction faste, basée sur le nombre Kua de l'utilisateur.

Les dossiers sont placés à l'est.

Où commencer

Réarrangez tout ce qui est sur votre bureau selon les indications suivantes :

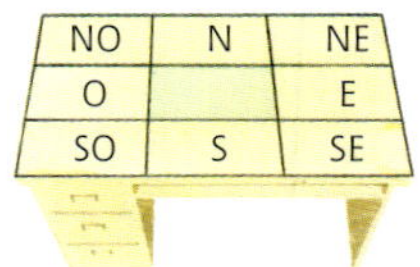

- Placez votre ordinateur soit sur une table d'angle à votre droite, soit sur la case de l'ouest ou du nord-ouest. Si ce n'est pas possible, choisissez un endroit où vous ferez face à l'une de vos directions propices (en se basant sur la formule Kua).
- Placez vos dossiers et votre corbeille « à traiter » à l'est ou au sud-est. Votre efficacité à les traiter sera ainsi accrue.
- Placez votre corbeille « traité » à l'ouest, pour être protégé, quelles que soient les décisions que vous prenez.
- Placez une lampe ou une bougie au sud, pour que vos chefs apprécient votre valeur.
- Placez un presse-papiers en cristal au nord-ouest pour activer la chance de mentor. Votre chef vous considérera ainsi favorablement. Un cristal rond au nord-ouest génère toujours une forte « chance de patronage ».

Quand vous ne vous sentez pas aimé, baignez-vous dans un arc-en-ciel de lumières colorées 136

Nous avons tous de terribles moments où nous sommes persuadés que personne ne nous aime ou ne s'intéresse à nous. Même les gens qui connaissent de grands succès sont assaillis par des doutes. Ce genre de moments nous tombe dessus pour une diversité de raisons ; c'est ce qui rend les êtres humains uniques. Les sentiments d'abattement ont de nombreuses causes.

Pour les gérer, il est moins utile de trouver les causes de tels moments que de tenter quelque chose pour les contrecarrer. Le remède le plus rapide est de créer un arc-en-ciel de lumières colorées dans lequel s'immerger. Les sept couleurs primaires de l'arc-en-ciel couvrent tout un spectre de remèdes extrêmement curatifs.

Un prisme coloré décompose la lumière dans les couleurs de l'arc-en-ciel. Chacune des sept couleurs est associée à un type particulier de guérison qui vous soutient si vous vous sentez négligé.

Former des arcs-en-ciel

Le plus facile est d'envelopper un filament lumineux assez long dans de la cellophane aux couleurs de l'arc-en-ciel (rouge, orangé, jaune, vert, bleu, indigo et violet). Branchez cette lampe dans une pièce sombre et asseyez-vous en dessous environ dix minutes. Visualisez la lumière colorée rayonnant sur vous et pénétrant dans votre corps à travers le chakra couronne situé au sommet de la tête (voir Astuce 31). Il est préférable d'être détendu et calme, pour voir les lumières entrant dans votre tête comme des ruisseaux de couleurs. Faites mentalement la différence entre chacune des couleurs et concentrez-vous sur leurs significations (encadré ci-contre). Après vous être concentré sur chacune des couleurs, visualisez les sept fusionner en une lumière blanche éblouissante. Imaginez que les couleurs tourbillonnent très vite jusqu'à s'amalgamer en une seule. Cette lumière blanche est très puissante pour faire revenir la confiance et l'amour dans votre conscience.

Les sept bienfaits des sept couleurs

Rouge	Courage et force de croire en soi
Orangé	Prendre l'initiative en amour
Jaune	Rester ancré dans toutes les relations
Vert	Acceptation calme de qui on est
Bleu	Amour et vagues d'énergie qui soigne, qui nourrit
Indigo	Élévation spirituelle qui vous convainc que vous pouvez gérer n'importe quoi
Violet	Accepter la confiance - chi d'élan.

Quand vous vous sentez faible, créez des sons

Quand vous vous sentez faible et êtes convaincu que votre vie stagne, vérifiez s'il y a de la poussière sur vos étagères et accordez-vous au chi yin qui a manifestement envahi votre espace. L'énergie yin peut provoquer des maladies ainsi que toutes sortes de maux et de douleurs qui vous assaillent. Vous ressentirez une apathie écrasante, dont vous n'arrivez pas à vous débarrasser. Parfois, outre vous sentir mal, vous succombez réellement aux virus et aux allergies. Vous êtes bien plus vulnérable aux affections physiques et votre degré de tolérance diminue. Ce n'est pas un sentiment agréable, – plus vite vous vous en débarrassez, moins il arrivera à s'installer.

Les bienfaits de la thérapie par les sons

La thérapie par les sons est le meilleur remède à l'apathie et au chi faible d'une maison. Une musique joyeuse jouée fort balaye la maladie et l'énergie affaiblie. Néanmoins, n'oubliez pas que toutes les musiques et tous les sons ne sont pas thérapeutiques. Seule la musique douce, enjouée, insuffle de la force. Faites jouer de la musique qui entraîne votre cœur, sur le rythme agréable de laquelle on peut danser et chanter. Il en est de même pour les sons. Les sons aigus élèvent davantage le moral que ceux graves.

Le tintement des clochettes et le son de la musique déplacent l'énergie pesante et favorisent une atmosphère plus heureuse.

Les cloches, par exemple, conviennent mieux que les tambours. Le son des cloches résonne bien plus de temps que l'oreille peut l'entendre, et les harmoniques des clochettes de purification spéciales, façonnées en sept métaux, durent très longtemps. Lorsque vous utilisez des clochettes pour purifier une pièce, le champ énergétique de celle-ci sera limpide comme le cristal et écartera instantanément tout sentiment de faiblesse. Si vous êtes sensible au spectre de lumière des espaces, vous percevrez aussi la différence à ce niveau. Le son des cloches affecte les fréquences des couleurs, traversant leur spectre lumineux et intensifiant les couleurs des auras qui entourent les objets animés et inanimés.

Les cloches plus grandes ont un son plus grave que celui des clochettes. Je conseille d'utiliser des clochettes, qui génèrent un niveau d'énergie plus léger et plus sain dans une pièce. Si vous le pouvez, choisissez une clochette en argent ou en or, pour puiser dans l'énergie de la lune ou du soleil. Encore mieux, essayez de vous procurer des clochettes tibétaines ou mongoles façonnées en sept métaux, dont les multiples bienfaits reflètent les attributs des sept planètes. Elles créent une aura de force et de santé. Les cloches en laiton ont un son merveilleux, surtout si elles contiennent un peu d'or. En faisant tinter des cloches dans votre maison, vous constatez que les sons deviennent plus clairs à chaque tintement ; parcourez chaque pièce trois fois dans le sens des aiguilles d'une montre et percevez le sentiment d'être énergisé.

Quand vous vous sentez mal compris, nettoyez le fouillis accumulé sous votre lit 138

L'irritation naît du fait d'être mal compris. Quand vos affirmations et actions bien intentionnées sont mal interprétées, vous vous demandez pourquoi les gens n'arrivent pas à apprécier vos motivations justes. On dirait que la chance est contre vous. Il y a peu de choses plus décourageantes que d'être sans cesse compris de travers. Cela semble arriver souvent aux gens qui dorment avec beaucoup de fouillis derrière eux. Examinez ce qui se trouve derrière votre lit – même si ce n'est pas ce qu'on appelle d'habitude « bric-à-brac », mettez-le ailleurs. Pour que vos motivations soient tenues pour positives et sincères au travail et dans la société, il est impératif de dormir avec la tête dirigée vers un espace parfaitement net. Vérifiez aussi ce qui se trouve de l'autre côté du mur vers lequel pointe votre tête. S'il s'agit des toilettes, déplacez le lit. Un mur commun avec des toilettes ou la salle de bains tend à charger toutes vos paroles et actions de signaux confus.

Il en est de même si de l'autre côté du mur se trouve une cage d'escalier, une cuisine ou un débarras où s'entasse le bric-à-brac de toute une vie. Écartez tout le fouillis rangé sous votre lit.

Protégez l'espace de sommeil
Écartez le fouillis sous et autour du lit ; vérifiez si votre lit est collé au mur des toilettes, qui nuiront à votre espace.

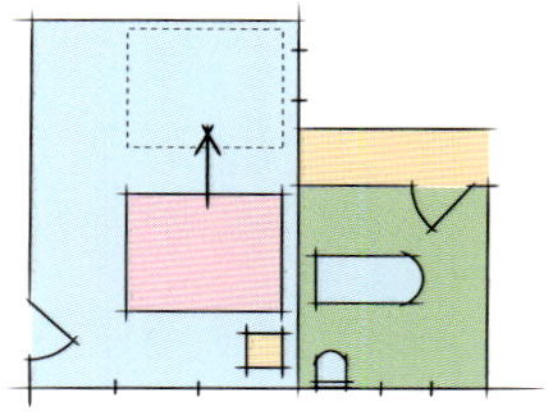

Si vous vous sentez laid, rangez votre armoire 139

La beauté physique est un état d'esprit. Se sentir peu attirant est une idée très décourageante. Il n'est pas si difficile de se débarrasser des sentiments qui font se sentir mal assuré en faisant appel à la transformation des attitudes et aux exercices de visualisation positive. Beaucoup de gens ont besoin d'aide, autant pour transformer leur état mental que pour écarter vêtements usés et images obsolètes. Passez systématiquement en revue vos vêtements et écartez ceux que vous ne mettez plus. Débarrassez-vous de tout ce qui ne vous va pas. Renoncez en premier aux vêtements usés, visiblement démodés, puis à ceux qui ne vous vont plus ou ne conviennent plus à votre mode de vie. Donnez ensuite ceux qui ne vous plaisent pas, quelle qu'en soit la raison. À chaque fois que vous renouvelez votre garde-robe, débarrassez-vous d'un tiers de vos anciens vêtements. Cette place libre attirera des vêtements plus flatteurs pour vous. Votre malaise disparaîtra sous la lumière de vos fermes intentions d'améliorer votre apparence. On se sent mieux si son aspect est meilleur. Se sentir mieux mène à une expansion de l'aura dans de nouveaux domaines, pour de nouvelles expériences.

140 Si vous vous sentez abattu, faites quelque chose de différent

Un sentiment de lourdeur peut parfois faire que vous vous sentez « abattu ». Vous êtes déséquilibré, comme si l'énergie vous poussant à avancer manque quelque peu de synchronisation avec le reste du monde. C'est une maladie qui vous frappe quand vous êtes surchargé de travail, quand trop de choses semblent aller de travers, quand il y a un stress excessif dans votre vie. C'est parfois la première étape de l'épuisement, un signe qui vous dit de ralentir.

Chercher l'équilibre

Le meilleur antidote pour ce sentiment est de se concentrer sur quelque chose qui permettra de pénétrer dans une dimension différente. Pour ce faire, vous devez rééquilibrer la vibration résonnant
dans votre champ aurique.

Consacrez-vous à un nouveau hobby. Inscrivez-vous à un cours. Occupez-vous de votre jardin. Impliquez-vous dans une activité qui créé, bâtit, entretient. Tournez votre attention vers quelque chose ou quelqu'un d'autre que vous. Ce déplacement de l'attention et de l'accent sur un autre objet ou être extérieur est un excellent moyen de restaurer votre énergie. Les plantes et les animaux sont parfaits pour concentrer ailleurs votre attention et conscience. Ils symbolisent le chi de croissance. Quand vous vous engagez dans le jardinage, par exemple, vous adoptez en fait le « chi de croissance ». C'est pareil quand on joue avec son chien ou nourrit ses poissons.

Les taoïstes pensent que les poissons sains allègent la fatigue, car ils apportent une énergie yang active.

Poissons pour se concentrer

Une autre façon d'attirer le chi de croissance dans votre vie est d'installer chez vous des poissons, qui représentent la vie dans le milieu aquatique. Les taoïstes conseillent d'avoir chez soi des poissons pour déstresser le mental, car ceux-ci sont censés faire disparaître la fatigue. La couleur des poissons doit correspondre à votre saison de naissance. Si vous êtes né en hiver, il vous faut des poissons noirs, en été, des poissons rouges, au printemps, des poissons verts et à l'automne, des poissons blancs, dans les mois précédant ou suivant de justesse l'été, des poissons jaunes. Chef d'entreprise, placez dans votre bureau des poissons de la couleur correspondant à la saison de naissance de votre épouse. Femme, choisissez la couleur de votre saison de naissance. Célibataire, celle de la saison de naissance de votre petite amie. Si vous êtes seul, celle de votre propre saison de naissance.

La force vitale des symboles – mystiques et ordinaires

141

Toutes les traditions spirituelles et ésotériques possèdent des symboles particuliers véhiculant une force positive intrinsèque. Les Chinois sont persuadés qu'on peut changer la qualité et le mouvement de l'énergie de tout espace en invoquant le pouvoir des symboles. Ces symboles peuvent être de simples cercles ou carrés, des nombres particulièrement puissants, des caractères ou mots particuliers propices, des créatures célestes reflétant le chi d'autres plans d'existence. Les totems, les divinités, les pierres précieuses et les signes mystiques sont également des symboles dont le pouvoir peut être invoqué.

Pour les Chinois, les symboles sont des expressions des cinq éléments, manifestés soit comme yin, soit comme yang. Le concept de yin et de yang a son propre symbole – le taï chi, un cercle formé d'une moitié sombre et d'une moitié claire, représentant la complétude. Lorsque vous tracez un cercle avec les mains, vous êtes susceptible d'invoquer le pouvoir du symbole taï chi et d'accéder aux deux aspects de la globalité – le yin et le yang.

Symboles de chance
Le Pa Koua et la calligraphie symbolique (à gauche), le symbolisme simple des formes géométriques et le symbole yin/yang (taï chi).

Symbole yin/yang (taï chi).

Symboles et mental

Les symboles concentrent et amplifient les pensées. Ils transmettent aussi à la source cosmique universelle des messages d'intentions et des affirmations. Certains prônent que cette source est la somme de toute la conscience du monde, si bien qu'elle représente en fait la conscience universelle. Cette source universelle d'énergie a le pouvoir d'actualiser tous les états de prise de conscience mentale, de savoir et de matérialisation. Invoqués par un mental sage, les symboles ont une intense résonance qui transcende instantanément l'énergie de l'espace que nous occupons Le mental est la clé qui fait accéder au pouvoir des symboles mys-

Amulettes et occasions

J'ai découvert par hasard le pouvoir des symboles mystiques au début de ma carrière et depuis lors ma connaissance de ce domaine s'est élargie sans que je m'en rende compte. Bizarrement, les symboles semblent apparaître dans ma vie d'abord comme amulettes qu'on me demande de porter « pour ma protection ». Au fil des ans je me suis aperçue des « épisodes de chance » liés à des occasions et à des changements de dernière minute qui m'ont offert de nouvelles options. Tous les événements marquants de ma vie ont été accompagnés d'amulettes, de pierres précieuses ou de talismans symboliques dont je suis entrée en possession ou qui sont arrivés chez moi juste avant.

142 Symboles de pouvoir et protection

Ces bijoux en or et en argent montrent les symboles du nœud et de la boucle d'attache.

Les symboles peuvent fortifier les espaces de vie et de travail, charger en énergie les pièces, protéger le mental et élargir la conscience grâce à l'énergie puisée directement à la source divine universelle. Le positionnement stratégique des symboles et leur port sur le corps ouvrent le canal vers cette source d'énergie spirituelle. Les symboles sont des catalyseurs pour la revitalisation, qui agissent d'une manière transcendant le plan physique, bien qu'eux-mêmes soient souvent matériels, façonnés en métal, bois, matériaux extraits de la terre.

Les symboles métalliques en or, argent, cuivre, laiton, aluminium, acier ou alliages de ces métaux renferment des énergies puissantes, présentes dans le système planétaire. Les métaux invoquent le pouvoir du Soleil, de la Lune, de Jupiter, de Vénus, de Mercure, de Saturne et de Mars, sept planètes symbolisant une gamme d'aspirations, de caractéristiques et de forces. Les symboles en métal incarnent divers types de chance et différentes manifestations de courage.

Totems

Les symboles en bois ont la faveur des sociétés assez primitives. Souvent merveilleusement sculptés, ils sont censés apporter la longévité, la bénédiction des divinités, une mort naturelle lorsqu'ils sont accrochés aux entrées et dans les maisons. Les totems sont très populaires parmi de nombreuses peuplades asiatiques, comme parmi les tribus amérindiennes. D'ordinaire, les rites de consécration sont effectués pour des totems (le marquage des yeux des dragons célestes, la mort symbolique du phénix qui renaît de ses cendres).

Totem en bois en forme de dragon.

Bijoux symboliques

Quand ils se présentent sous forme de bijoux en or – soit jaune, soit blanc –, les symboles sont meilleurs. Parsemés de diamants, leur puissance est à son maximum, car cette gemme est la plus dure des symboles terre – les cristaux naturels permettant d'accéder à une extraordinaire gamme de chance pour les gens se trouvant dans leur sphère d'influence. Le port des bijoux en forme de symboles propices remonte à la nuit des temps. Notons que toutes les familles royales et les déités de pratiquement toutes les traditions du monde sont décrites comme étant parées de bijoux de la tête aux pieds.

Consacrer les symboles

Les symboles n'ont pas toujours besoin d'être portés pour être efficaces. Où qu'ils soient, ils génèrent leurs propres auras, qu'on peut fortifier par des consécrations spirituelles. Quand les symboles prennent vie suite à la consécration, ils rayonnent un intense pouvoir. Les rituels de consécration sont simples : on passe les symboles au-dessus de l'encens ardent en psalmodiant des mantras (des sons secrets connus par les maîtres spirituels). Il peut aussi s'agir de rituels complexes d'offrandes, effectués par des sages.

Activez l'énergie en traçant des symboles dans les airs 143

Les pouvoirs des symboles peuvent être invoqués de diverses manières. Par exemple, placez dans les coins de votre maison des symboles propices particuliers, afin d'attirer les différents types de chance.

Symboles de chance

Récemment, l'intérêt pour les symboles du Feng shui s'est accru. De plus en plus de gens s'intéressent à la façon mystérieuse dont ceux-ci semblent attirer la chance dans une maison. Parmi ces symboles on trouve le crapaud à trois pattes, le dragon, la tortue, les plumes d'oiseaux et certaines pièces de monnaie. Ce ne sont pas des symboles mystiques, mais des symboles de « bonne fortune » que les Chinois tiennent depuis des siècles pour des catalyseurs de la chance. Le dragon, par exemple, est maintenant un symbole de chance très connu, alors qu'il y a peu de temps seuls les Chinois étaient au courant de cette propriété.

Le crapaud à trois pattes est un symbole de richesse.

Symboles mystiques

Les symboles mystiques simples caractérisent de nombreuses traditions. On peut les invoquer en traçant dans les airs leurs formes, tout en brûlant de l'encens pour purifier l'aura d'une pièce. Ci-contre, voici quelques techniques pour faire appel aux symboles simples. Le processus décrit est la méthode taoïste d'invocation.

Comment tracer des symboles

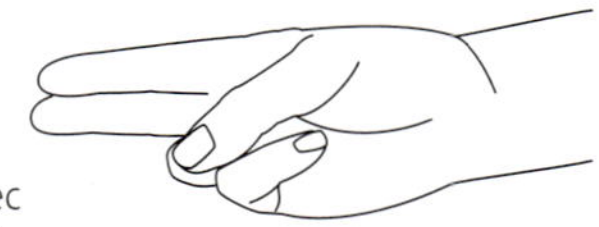

1. Serrez le poing droit. Tendez l'index et le médius droit devant. Le pouce retient les deux autres doigts, si bien que votre main prend la forme d'un revolver. Exercez-vous à tracer un cercle avec les deux doigts tendus. Apprenez à tracer les symboles suivants pour invoquer leurs pouvoirs. Répétez plusieurs fois en parcourant la pièce.

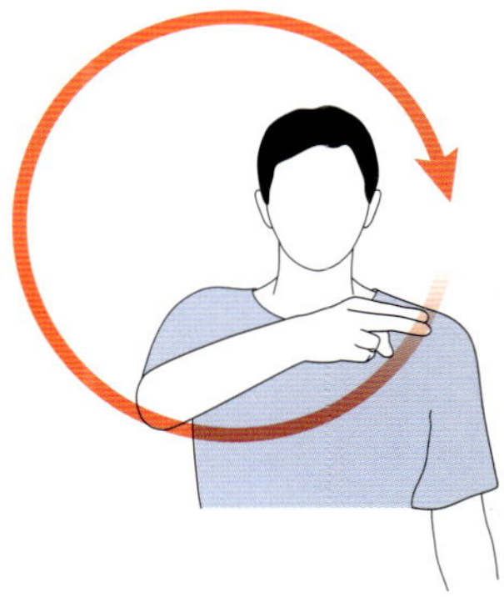

2. Tracez un cercle complet dans l'espace devant vous pour invoquer l'unité de la famille, des employés, la réussite d'un projet. Le cercle a une multitude d'intéressantes significations symboliques, il est très puissant. Il représente le Soleil, la Lune, les cycles de la vie, le concept de plénitude et de complétude. Si vous avez l'impression que votre vie manque de sens, si votre famille semble désunie, invoquez des liens plus étroits en faisant appel au pouvoir du cercle. Tracez le cercle en déplaçant les doigts dans le sens des aiguilles d'une montre pour le faire vibrer. Si vous voulez utiliser le cercle pour la guérison, tracez-le dans le sens contraire aux aiguilles d'une montre. Achevez le traçage par un mouvement descendant en zigzag de la main et des doigts. C'est le signe d'achèvement du rituel.

3. Tracez un carré pour être protégé et pour créer un état de prospérité et d'abondance. Connectez mentalement les quatre coins de la pièce que vous occupez, en traçant un carré avec vos doigts étirés. Commencez au coin supérieur et suivez le sens des aiguilles d'une montre pour la protection et pour attirer les vibrations de prospérité. Achevez la séance par un mouvement descendant en zigzag de la main et des doigts, pour signifier la fin du rituel.

4. Tracez une croix à l'entrée de votre maison, représentant un talisman invisible qui la protège. Tracez d'abord la ligne horizontale, puis celle verticale. Répétez trois fois pour installer un champ de force invisible d'énergie protectrice.

144 Les symboles yantra sont de puissants protecteurs

Les Hindous font appel aux puissants symboles « yantra » pour être protégés et obtenir divers types spécifiques de « chance ». Un yantra est formé de plusieurs triangles placés l'un au sommet de l'autre. Les grandes pièces d'or en sont souvent ornées, car ce métal est d'ordinaire d'une pureté absolue. Si vous visitez l'Inde, cherchez ces pièces yantra destinées à parer l'une des déités de la richesse, du savoir, de la sagesse ou de l'amour. Le simple fait d'avoir chez soi un tel yantra génère un champ aurique autour de la maison, qui est ainsi protégée des énergies négatives. Il existe par ailleurs des yantras planétaires, représentant des défenses particulières pour les différents jours de la semaine.

La Pyramide du Louvre de Paris génère une forte énergie yin, appropriée pour un musée.

De nombreuses traditions spirituelles considèrent le triangle comme un symbole prestigieux, car il représente la trinité du ciel, de la terre et de l'homme. Le triangle incarne aussi la pyramide, elle-même symbole de préservation. La pyramide est une variante tridimensionnelle du triangle, qui personnifie l'unité familiale tout comme les dimensions temporelles : passé, présent et avenir.

Les figures du yantra évoquent des trinités puissantes comme le ciel, la terre et l'homme, à la base de nombreuses traditions spirituelles.

Un rituel du triangle

Un puissant rituel taoïste fait appel au symbole du triangle. Les taoïstes pensent qu'en enterrant trois petits cristaux (boules de cristal ou cristaux naturels) dans le jardin ou sur l'allée devant votre entrée, positionnés pour qu'ils forment un triangle la pointe dirigée vers l'extérieur, on acquiert la meilleure protection possible pour sa maison. L'énergie qu'ils génèrent se nourrit de l'énergie du sol, de sorte qu'elle se régénère et se renouvelle automatiquement.

Quand ne pas utiliser la pyramide

Ne placez pas le symbole de la pyramide dans votre maison, sur votre bureau. Surtout, ne vivez ni ne travaillez dans un immeuble dont la toiture est pyramidale. Excellentes pour les demeures yin (tombes), les pyramides attirent et emmagasinent le chi yin. La pyramide du Louvre est parfaite, car il s'agit d'un musée, et sa structure en verre envoie de la lumière dans les couloirs menant à son cœur. Il vaut mieux éviter ce symbole yin chez soi, et même dans les bureaux et les grands complexes commerciaux.

Le symbole du carré Lo shu – le sceau 145

Le carré Lo shu est un autre symbole très respecté par les maîtres de l'ésotérisme, qui apparaît aussi dans d'autres traditions. L'astrologie védique tient ce symbole pour un sceau. Plusieurs variantes de la numérologie planétaire découlent de ce sceau mystérieux et complexe.

Un moyen simple de puiser dans les codes mystiques est d'activer le signe du sceau. Tracez les neuf nombres en ordre ascendant autour du carré à neuf cases et vous aurez le signe du sceau. (Voyez l'illustration ci-dessous, montrant la formation du sceau.) Dans le folklore chinois, ce signe est le Signe des neuf empereurs. Son utilisation a été jadis l'un des secrets du Feng shui taoïste. Pour vaincre l'influence négative des nombres néfastes apparaissant dans votre maison ou bureau, il faut invoquer ce symbole.

Le rituel du sceau

Tenez-vous à l'extérieur de votre maison et tracez le signe du sceau comme indiqué dans l'illustration ci-dessous. Les nombres occupent des places qui respectent la configuration du carré Lo shu.

Utilisez un mûdra pour invoquer des symboles mystiques (l'index et le médius étirés horizontalement vers l'extérieur, le pouce retenant les deux autres doigts) et pour tracer le signe du sceau. Apaisez d'abord votre esprit, puis affirmez mentalement votre motivation avant de tracer trois fois le signe du sceau à environ 30 cm devant vous. Dessinez ensuite rapidement devant vous le signe zigzaguant pour finir le rituel.

Utilisez le mûdra pour nvoquer des symboles mystiques.

Ce rituel d'invocation du sceau à l'entrée d'une maison est censé y relâcher le flot de bon chi, vainquant ainsi toute malchance, maladie ou perte potentielle.

Le Lo shu et le sceau

1. Le carré Lo shu est l'un des plus importants symboles d'ancrage de l'école du Feng shui de la Boussole. Son nom vient de la légende racontant qu'il a été apporté à l'empereur Fuxi sur le dos d'une tortue sortant du fleuve Lo de Chine. L'arrangement des nombres de 1 à 9 sur le carré à neuf cases est censé posséder une puissance mystique. La somme de trois nombres se trouvant sur la même ligne, verticale, horizontale ou diagonale, aboutit toujours à 15, le nombre de jours nécessaires à la lune croissante pour devenir pleine, et à la lune décroissante pour devenir nouvelle. Le carré Lo shu symbolise donc l'influence du temps sur les affaires humaines.

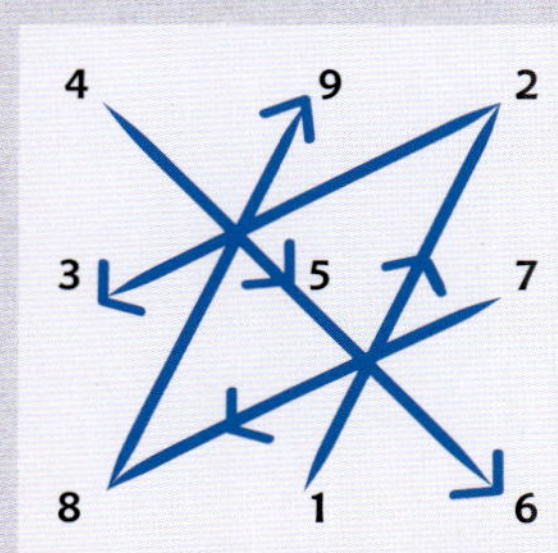

2. Voyez ci-dessus le sceau et l'ordre selon lequel il doit être tracé.

146 Numérologie et nombres fastes de l'année lunaire

Les nombres (de 1 à 9) ont une importante signification cyclique pour les Chinois. Au cours des diverses périodes de temps, leur pouvoir est distinct de personne à personne et de maison à maison.

La numérologie ou la science de nombres, exerce une influence significative dans le cadre du Feng shui de l'Étoile volante – l'une des plus puissantes formules de cet art qui utilisent une boussole. Selon lui, il y a des nombres fastes et néfastes, forts et faibles. En regardant les nombres et leurs combinaisons pour les diverses pièces, le maître de Feng shui qui sait lire un diagramme de ce genre pourra prédire les événements bons ou mauvais qui arriveront aux résidants d'une maison. Le Feng shui avancé pratiqué par un maître expérimenté aide les gens à éviter les infortunes, les maladies et les accidents.

Il est également possible de calculer vos nombres fastes, en partant de votre date de naissance. Les nombres portant chance aux espaces que vous occupez sont déterminés par la formule Kua, calcul simple se servant de votre année lunaire de naissance.

Comment calculer votre nombre Kua

Prenez les deux derniers chiffres de votre année lunaire de naissance. Vérifiez si vous êtes né avant ou après la nouvelle année lunaire. Si vous êtes né après la mi-février, aucun ajustement n'est nécessaire. Si vous êtes né avant la mi-février prenez pour année de naissance l'année lunaire précédente.

1. Additionnez les deux derniers chiffres de votre année de naissance jusqu'à arriver à un seul.

2a. Les femmes doivent ajouter 5 au résultat et si nécessaire refaire l'addition, pour obtenir un seul chiffre. Ce nombre (de 1 à 9) est votre nombre Kua – votre nombre faste. Pour les femmes nées après 2000, ajoutez 6.

Par exemple, si l'année de naissance est 1959, 5 + 9 = 14, puis 1 + 4 = 5. Ajoutez-y 5, donc 5 + 5 = 10, 1 + 0 = 1.

2b. Les hommes doivent soustraire 10 ; le nombre résultant sera leur nombre Kua. Les hommes nés après 2000 doivent soustraire 9.

Exemples :

Pour une femme née le 6 août 1949 :
Additionnez 4+9=13, puis 1+3=4, puis 4+5 = 9.
Le nombre Kua est 9.

Pour un homme né le 3 janvier 1939 :
Pour ajuster la date à l'année lunaire, soustrayez une année et prenez 1938 comme année de naissance.
Additionnez 3+8=11, puis 1+1=2, puis 10-2 = 8.
Le nombre Kua est 8.

Quand vous avez calculé votre nombre Kua, identifiez les nombres qui vous seront fastes et néfastes. Les nombres de 1 à 9 sont divisés en deux groupes :

Nombres du groupe Est
1, 3, 4 et **9.**

Nombres du groupe Ouest
2, 5, 6, 7 et **8.**

Tous les nombres du même groupe sont fastes. Tous les nombres de l'autre groupe sont néfastes pour votre groupe. Essayez d'utiliser vos nombres fastes aussi souvent que possible.

Le pouvoir spécial des nombres Ho Tu 147

La tradition chinoise considère comme très fastes une série de nombres, les Ho Tu. La légende raconte qu'ils ont été amenés sur le dos d'un dragon-cheval mythique, une licorne Chi Lin. Ces nombres sont censés indiquer différents types de chance.

Les nombres Ho Tu et les numéros des maisons

Lorsqu'ils sont dans leur cycle croissant, les nombres Ho Tu sont extrêmement fastes, alors qu'ils sont très néfastes dans leur cycle décroissant. Le sens du cycle est déterminé par l'orientation de la maison.

Quand le cycle est croissant et la maison face à l'est ou au sud-est, **le 6 et le 1** apportent une excellente « chance d'éducation ». Si votre maison porte le numéro 16 ou 61, votre enfant sera très intelligent et talentueux et fera honneur à votre famille. Cette combinaison est à son apogée au nord. Mais si la maison est orientée au sud, direction où les nombres 6 et 1 sont décroissants, la combinaison apporte malchance et accidents au patriarche.

Le 2 et le 7 apportent chance financière à la maison orientée au sud-ouest ou au nord-est. Ils sont fastes au sud. Si la maison fait face au nord-ouest ou à l'ouest, des maladies et des accidents surviendront.

Le 3 et le 8 apportent succès en politique et « chance de descendants » à la maison orientée au sud, à l'est et au sud-est. Ils nuisent aux enfants si la maison fait face au sud-ouest.

Le 4 et le 9 apportent chance d'affaires à la maison orientée au nord, à l'ouest et au nord-ouest. Quand la maison fait face à l'est et comprend dans son numéro le 4 et le 9, une malchance extrême échoit aux résidants.

Le bon ou le mauvais symbolisme des nombres de la maison dépend de la direction d'orientation de celle-ci.

Combinaisons des nombres Ho Tu

1 et 6	2 et 7	3 et 8	4 et 9

Le pouvoir spécial de ces combinaisons Ho Tu est ressenti d'ordinaire quand le numéro de la maison comprend des nombres particuliers. Si votre orientation est faste, profitez de la chance. Mais si votre maison a un numéro comprenant ces nombres et est orientée dans une direction décroissante, utilisez des lettres pour votre adresse, afin de surmonter tout impact négatif de ces combinaisons ; ainsi, le symbolisme sera immédiatement dissipé.

148 Les nombres fastes par la date de naissance

Trouvez vos nombres fastes grâce à d'anciennes formules chinoises.

Un autre moyen d'identifier vos nombres fastes est basé sur le jour de votre naissance. Si vous êtes né le 17 juin, le nombre 8 (1+7=8) est faste pour vous. Quand ce nombre est le numéro de votre étage, de votre bureau, appartement, route, département, code postal – il vous portera chance. Notez que cette méthode n'utilise que votre jour de naissance, réduit à un seul chiffre.

Une autre méthode utilise votre date complète de naissance. Par exemple, si vous êtes né le 6 juin 1977, les nombres 661977 vous porteront chance. S'il apparaît dans votre adresse, n'importe lequel de ces nombres vous portera chance. Selon cette méthode, si vous réduisez ces nombres à un seul chiffre en les additionnant, votre nombre faste de naissance sera le 9 (6+6+1+9+7+7=36, puis 3+6=9). En devenant conscient de l'influence de vos nombres fastes sur votre bien-être, vous finirez par croire en leur symbolisme. Il y a des jours où vous vous sentirez mieux que d'autres, des jours où de meilleures choses vous arrivent.

On peut approfondir l'étude de la numérologie. Pratiquement toutes les traditions disposent de méthodes pour calculer les nombres fastes. Utilisez la méthode qui vous convient le plus.

Le nombre 3 est un nombre faste. Il représente la créativité, la somme de l'énergie des nombres 1 et 2.

Trouvez votre nombre faste

La plupart des gens ont plusieurs nombres fastes. Une fois que vous avez identifié quelques-uns, notez ce qui vous arrive par rapport à eux. Par exemple, si vous êtes né le 11 avril 1949, vous constaterez que le nombre 11, réduit à 2 (1 + 1), est faste pour vous. En outre, vous découvrirez que votre nombre faste de naissance est basé sur la somme de l'ensemble des nombres de votre date de naissance : 1+1+4+1+9+4+9=29. Les nombres sont de nouveau additionnés, 2+9 =11, puis 1 + 1 = 2.

Dans ce cas, vous pouvez être certain que le nombre 2 sera extrêmement faste pour vous. Si vous intégrez ces nombres (29, 11, 2) dans votre maison, vous bénéficierez de leur influence propice. Installez-vous à une adresse dont le numéro les comprend. Obtenez un numéro de téléphone où ils sont présents.

Ces trente dernières années, je me suis servie de mon jour de naissance et de mon nombre Kua pour calculer mon nombre faste. Je dois dire que ces nombres m'ont rarement déçue – même à la roulette !

Attirez une bonne énergie avec le symbole du soleil 149

Afin de faire bénéficier votre maison, invoquez le soleil grâce à ce puissant symbole qui associe les rayons solaires aux huit directions cardinales. Ce symbole mystique figure dans d'anciens systèmes avancés qui se servent pour la guérison d'une source de lumière visualisée.

Étudiez soigneusement le symbole ci-contre. Notez la séquence et la direction de son traçage. Vos doigts traceront ce symbole dans les pièces de votre maison qui ont besoin d'une dose d'énergie solaire. Ce faisant, imaginez que vous créez une boule brillante de lumière. Visualisez ensuite les rayons éclatants du soleil émanant d'elle et purifiant vos chambres grâce à une intense énergie lumineuse. Ce symbole mystique très puissant n'exige qu'une simple visualisation pour remplir votre espace de vie de rayons étincelants. N'oubliez pas d'achever le rituel avec le mouvement en zigzag de la main.

Le symbole du soleil peut être utilisé pour la guérison et le chargement énergétique. Tracez-le dans les airs, en suivant la séquence illustrée ci-dessous. On peut l'exposer comme une œuvre d'art ou comme partie d'un miroir, pour attirer l'énergie yang positive dans une pièce.

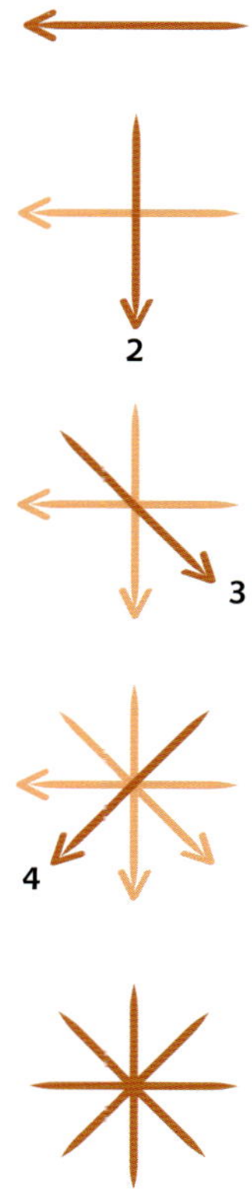

Où utiliser le symbole du soleil

Servez-vous-en de préférence quand un résidant de la maison est malade ou traverse une longue période d'infortune en termes d'occasions ratées ou de perte de travail. Outre améliorer les choses pour les personnes souffrantes, ce symbole fortifie et revitalise l'énergie présente. Si quelqu'un est gravement malade, imaginez que vous puisez dans le soleil et apportez la lumière dans la chambre qu'il occupe. Ce symbole a le pouvoir de générer une énergie supplémentaire qui favorisera le rétablissement. Lorsque vous invoquez des symboles mystiques pour accéder à la source universelle d'énergie, générez en vous la compassion altruiste. Pensez positivement en effectuant ce rituel. Les symboles mystiques agissent mieux quand vos pensées et intentions sont bonnes. Plus l'énergie d'amour utilisée pour énergiser l'invocation d'un symbole particulier est inconditionnelle et altruiste, plus celui-ci sera puissant.

150 Activez le mystérieux pouvoir du symbole de l'infini

Le symbole de l'infini – qui ressemble à un huit horizontal étiré – est probablement l'un des plus puissants symboles que j'aie rencontrés. Ce symbole intensifie instantanément l'énergie de n'importe quel espace. Si vous utilisez vos index et médius pour tracer le signe de l'infini en parcourant toutes les pièces de votre maison, vous percevrez presque sur le champ une différence positive dans l'énergie globale.

Utilisez le symbole de l'infini (le nombre huit) présent sur les tapisseries ou les œuvres d'art pour maintenir une bonne atmosphère dans une pièce.

Le rituel

Parcourez la maison dans le sens des aiguilles d'une montre en traçant devant vous le symbole, avec de grands mouvements de vos mains. Ce faisant, visualisez-le émettant d'intenses rayons de lumière qui baignent votre maison d'un fort éclat. Le signe de l'infini est doté d'étonnantes qualités curatives et protectrices. Les humeurs des résidants s'adoucissent immédiatement, la colère est transformée en patience et tolérance. La prochaine fois où quelqu'un crie dans votre maison, accordez-vous rapidement à l'espace et tracez mentalement plusieurs fois ce symbole dans les airs. Notez combien de temps s'écoule avant que la personne concernée se calme.

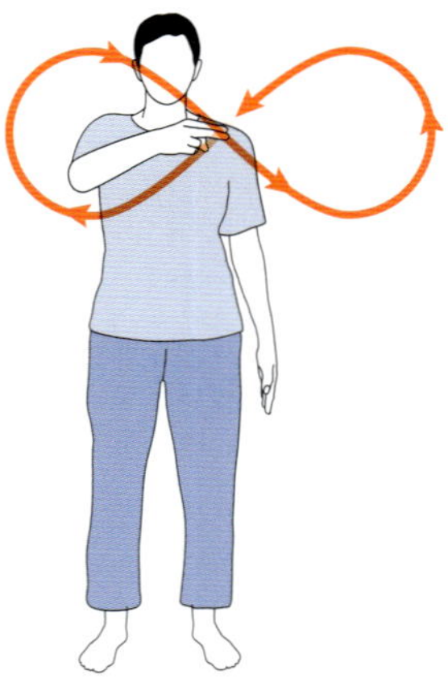

Tracer le signe de l'infini avec les index et les médius fait immédiatement monter l'énergie d'une pièce, éliminant les négativités résiduelles.

Essayez-le aussi quand quelqu'un est malade. Tracez le signe de l'infini dans sa chambre, en la parcourant trois fois dans le sens des aiguilles d'une montre. Laissez le signe mettre en œuvre sa magie.

En plus d'invoquer régulièrement le signe de l'infini, je possède une superbe figurine de cristal en forme de huit, dont l'intérieur est parsemé de particules d'or à 24 carats. Le nombre huit est tenu lui aussi pour un puissant symbole propice – bien sûr, c'est le symbole vertical de l'infini. Je perçois sans cesse son éclat bienveillant dans ma maison, car il émet du chi faste.

Tracer le symbole sur papier

Vous pouvez aussi faire sculpter ce symbole sur les meubles ou le dessiner sur un papier que vous brûlerez pour activer sa magie. Si vous « tracez » ce signe devant vous avec la main, n'oubliez pas le zigzag pour sceller ses bienfaits.

Créez des symboles personnels 151

On peut invoquer de nombreux symboles pour améliorer l'impression de sanctuaire et de confort que laisse un espace de vie. Garder une maison propre et pleine de vitalité sur les divers plans spirituels exige souvent d'accroître la prise de conscience du chi des différents plans environnementaux. Seulement alors on pourra profiter du monde matériel et trouver aussi le bonheur intérieur transcendant le temps et l'espace.

Dans le monde du mental, du corps et de l'esprit, on peut choisir une foule d'alliés transcendantaux qui deviendront nos gardes du corps et nos protecteurs. Ils peuvent venir du monde animal, du monde des oiseaux, des profondeurs de la terre – pierres de toutes les formes, tailles ou couleurs – ou de l'océan – perles, coquillages, algues, poissons exotiques. La création de symboles personnels est assez semblable à celle des amulettes et des talismans personnels.

Les symboles plutôt publics que personnels deviennent des marques ou des sigles d'affaires exprimant les valeurs d'une entreprise.

Comment les cristaux sont devenus moi-même

Lorsque vous vous exercez à concentrer votre conscience pour charger en énergie des objets et des symboles, ceux-ci acquièrent de la force parce que vous les en imprégnez. J'ai soupçonné l'existence de ce processus vers mes 20 ans. Mon affinité pour les cristaux naturels c'est manifestée de bonne heure. Dans les années soixante-dix, quand je me suis rendu compte que je ne pouvais pas résister aux cristaux, j'ai suivi mes instincts. Depuis lors, les cristaux arrivent chez moi en un flot incessant. Les gens m'en offrent, on m'en envoie par la poste. Je les purifie et les charge toujours en énergie, en me servant de parfum et d'encens. Ils sont toujours près de moi quand je psalmodie des mantras et quand je médite.

Ma collection s'est élargie depuis en englobant des boules de cristal achetées dans le monde entier et de *malas* de cristal (grains des chapelets bouddhiques, qui en comptent 108). Et, bien entendu, je suis adepte des parures en pierres précieuses de couleur serties d'or et de diamants. Chaque morceau de cristal que je possède actuellement m'offre un merveilleux sentiment de sécurité et de bien-être. Je me sens revitalisée à chaque fois que je caresse et tiens mes cristaux. Bref, ils sont devenus mes symboles personnels.

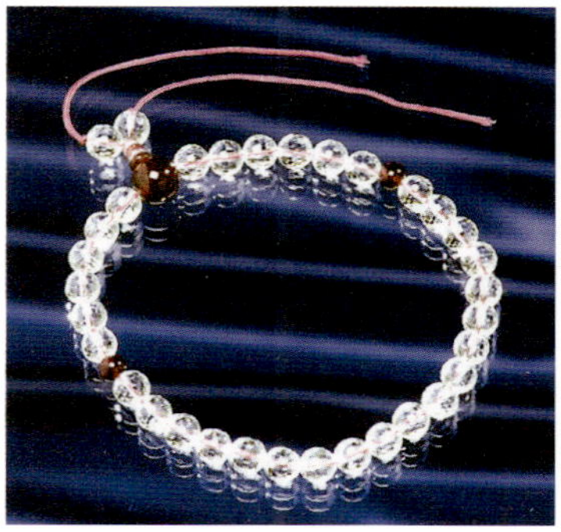

152 Dans le séjour, utilisez le nœud harmonieux mystique

Le nœud mystique exposé dans le séjour réchauffe vos relations.

Si vous désirez créer une grande ambiance harmonieuse et amicale dans votre maison, gardez le séjour bien énergisé et activé. Ne l'encombrez jamais et placez-y des symboles fastes qui activeront son énergie positive.

Le nœud mystique est le symbole bénéfique le plus approprié pour activer le séjour. C'est le nœud de l'amour sans entraves, que les amoureux peuvent arborer pour jouir d'une grande harmonie. Le nœud est éternel, illimité, sans début et sans fin. Il est pareil au symbole de l'infini, mais multiplié et accru. Tracez ce symbole dans votre espace et brûlez de l'encens pour consacrer sa présence invisible. Les nœuds mystiques existent aussi sous forme de pendentifs en jade, attachés avec un cordonnet rouge, qui les charge en énergie. Accrochez-les assez haut sur le mur dans les quatre coins de votre séjour. Votre vie familiale s'améliorera, les relations entre les membres de la famille deviendront plus tendres, votre vie sociale deviendra plus chaleureuse et plus intéressante. Dessinez aussi ce symbole sur un papier que vous garderez dans votre portefeuille. Le nœud est le plus puissant quand il est façonné en or.

153 Améliorez les relations avec des miroirs en laiton

Un miroir en laiton chargé en énergie confère de l'élan à toutes vos relations : avec les personnes aimées, les amis, les employeurs, les employés, les patrons, les collègues, les frères, les parents ou les enfants. Les miroirs absorbent aussi parfaitement les sentiments inamicaux et envieux dirigés vers vous par des tiers. Par ailleurs, il dissipe les problèmes potentiels et les intrigues dont vous n'aviez pas connaissance – un bénéfice secondaire.

Je vous conseille un miroir en laiton d'un diamètre d'environ 8 cm, muni de deux surfaces réflectives. C'est l'un des outils Feng shui les plus efficaces pour que votre gagne-pain ne soit pas contrarié par des fauteurs de troubles. À l'époque des empereurs, beaucoup de courtisans l'utilisaient. Pendant des siècles, les maîtres, surtout les experts aux pratiques taoïstes du Feng shui interne, ont gardé le secret de son importance en tant qu'outil neutralisant l'infortune.

Les miroirs en laiton vous protègent en absorbant les sentiments négatifs des gens.

Placez dans la chambre à coucher un miroir en laiton qui a été exposé à la lumière de la lune (et qui a été ainsi chargé en énergie lunaire), positionné face à la porte. Il assurera un bon sommeil. Dans le séjour, placez le miroir sur une table latérale, face à la porte principale. Dans le bureau, placez-le derrière vous, à droite. Il vous préservera des commérages et des fauteurs de troubles.

Salle à manger, activez le signe de la récolte 154

Rangez toujours la salle à manger, puisque c'est là que la chance de la maison se manifeste quotidiennement en tant que nourriture posée sur la table. La chance est exprimée ici régulièrement, conformément aux besoins de la famille. La salle à manger est le cœur de la maison, un endroit à garder net et plein de vitalité – une véritable réserve de chi positif. Dans beaucoup de maisons, on ne prend pas assez soin de son chargement énergétique. Cette pièce doit disposer d'un éclairage suffisant, profiter des brises douces de l'extérieur et donner l'impression d'espace et de lumière. Essayez de manger dans un espace exigu et vous sentirez la différence. Être à l'étroit n'incite pas à se sentir à l'aise.

Les symboles représentant la moisson – la riche récolte qui suit le dur labeur et les efforts – créent une ambiance d'abondance dans la salle à manger. Décorez celle-ci d'un tableau montrant des fruits frais ou des fermiers ramenant le blé ou le maïs des champs. Les images de moisson ou de grands champs mûrs de blé, de riz ou de millet, sont de puissants symboles de prospérité. Placés dans une salle à manger, ils suggèrent que la famille qui prend ses repas dans ce lieu jouira toujours de chance et qu'il y aura toujours plein de nourriture sur la table.

Les symboles de récolte incluent les gerbes de blé, les poupées de paille, les bols ou les corbeilles de fruits frais, les tableaux et les œuvres d'art représentant la moisson ou l'abondance générale de nourriture.

Si elle est décorée de symboles d'abondance, la salle à manger de la maison sera propice pour les résidants. Un miroir mural doublera efficacement la nourriture posée sur la table.

Notez qu'en ce lieu un miroir est tout à fait différent de celui installé dans la cuisine. Là-bas, le miroir est néfaste et suscite souvent des accidents. Dans la salle à manger, par contre, le miroir est très faste, surtout lorsqu'il reflète des signes de moisson, de nourriture et de prospérité. Les miroirs qui reflètent des champs, des fleuves, un lac ou juste le ciel bleu sont très propices. Installez dans la salle à manger un seul buffet bas, vous assurant ainsi que cette pièce n'est pas encombrée par tout un bric-à-brac, et dînez aussi élégamment et confortablement que possible. C'est là le secret du succès.

155 Invoquez partout l'énergie lunaire

L'énergie de la lune est yin, mais un yin apaisant, bienveillant et chargé de chi mystique – le genre qui résonne positivement et favorise la croissance subconsciente de l'esprit. Beaucoup de rituels taoïstes liés à l'art du chi kung, qui fait appel aux méridiens et aux couches auriques du corps humain, exploitent le chi de la lune. Les experts de chi kung connaissent la pratique de l'absorption de l'énergie lumineuse de la lune. Pour la réussir, il faut s'exercer sous la direction d'un maître expérimenté.

Pour créer une ambiance douillette et reposante dans votre chambre à coucher, évoquez l'énergie de la lune avec des miroirs et des cristaux.

Miroirs et énergie lunaire

L'énergie de la lune peut être collectée symboliquement en utilisant des miroirs propices. Lorsque vous faites briller un miroir circulaire sous la lumière intense de la pleine lune, il absorbe beaucoup d'énergie lunaire. Si vous vous tenez debout face à la lune en inspirant et en expirant rythmiquement, et visualisez sa lumière pénétrant votre aura, vous absorberez aussi un peu de chi lunaire. Le principal est d'absorber ce chi lunaire durant des occasions heureuses et des jours fastes. Les Chinois préfèrent la pleine lune qui apparaît le quinzième jour de la nouvelle année lunaire ou celle qui se montre pendant la fête de la récolte, au milieu de l'automne. Si vous oubliez de puiser dans l'énergie lunaire pendant les jours fastes de la pleine lune ou si les nuages cachent sa lumière, il faut attendre la lune croissante. La lumière de la lune croissante est toujours propice, alors que la lumière de la lune décroissante signale une énergie s'affaiblissant de plus en plus.

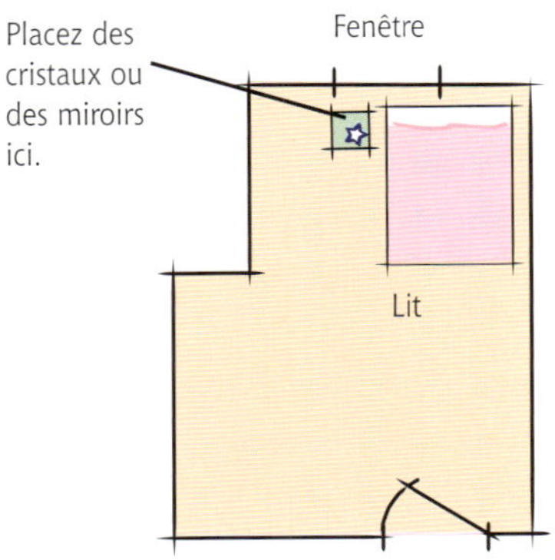

Chargez en énergie les cristaux et les miroirs avec de l'énergie lunaire, puis placez-les près du lit, faisant face à la porte d'entrée de la chambre à coucher.

Activez la « chance de trois générations » dans le séjour 156

L'un des objets les plus propices que vous pouvez placer dans le séjour ou la salle à manger est une image montrant au moins trois générations de votre famille, l'air heureux, à l'aise et prospère. Les portraits de famille sont une excellente exposition de la chance familiale. Ceux qui incluent trois générations – le grand-père, le père et les fils – sont censés être les plus fastes. Les trois générations peuvent être soit totalement masculines, soit inclure les femmes de la famille.

Chez moi, j'ai des symboles de la « chance de trois générations » dans mon séjour et ma salle à manger, car je crois fermement à l'harmonie et à la prospérité familiale. Ma mère, moi et ma fille représentons les trois générations. À presque quatre-vingts ans, ma mère est en bonne santé.

Les parents de mon mari sont décédés depuis longtemps. Pour équilibrer notre portrait avec de l'énergie masculine, j'ai placé dans le séjour des figurines en porcelaine représentant trois générations d'empereurs.

Quand vous activez un endroit grâce à la chance de trois générations, vous générez le chi de continuité – continuité de la prospérité et de la santé, et une grande chance de descendants. Les Chinois ont toujours été très pragmatiques. Ils savent que ce sont là les trois principales aspirations menant à la satisfaction et au bonheur. Pour eux, les autres maux sont des inventions de l'esprit. Les symboles de la continuité de la chance familiale sont toujours présents chez eux. Cela fait entrer l'harmonie et équilibre dans la vie des membres de la famille.

Chargez en énergie votre maison avec le symbole de la longévité 157

Pour les Chinois, le symbole de la longévité est l'amulette suprême. Il est très facile à trouver et à identifier, car il apparaît sur de nombreux objets fabriqués en Chine – objets décoratifs en porcelaine et en jade, vases, meubles, bijoux, vêtements. On le trouve sur la plupart des robes en soie chinoises. Il était présent sur les robes impériales portées par l'empereur chinois et sa famille. Si vous possédez une statuette du dieu de la longévité – un vieil homme avec un large front chauve, qui porte une pêche et un grand bâton – vous constatez que sa robe porte le symbole de la longévité.

On connaît de nombreuses variantes modernes de ce symbole, qui en plus de représenter une longue vie protège aussi contre la mort anormale, les accidents, l'assassinat, le vol, le terrorisme, etc. Quand vous chargez votre maison et votre corps du symbole de la longévité, celui-ci génère de l'énergie pour la santé et la longévité, aboutissant à une mort naturelle.

Le symbole de la longévité peut servir de motif décoratif ou de bijou.

158 Chargement énergétique à partir des arbres

Récemment, on a révélé un certain nombre de rituels taoïstes visant l'accord avec le chi précieux de la faune et de la flore. La plus merveilleuse façon de s'accorder au chi d'une ville ou d'une région est d'identifier l'arbre le plus vieux du voisinage et s'unir à son chi. L'arbre doit être sain, ses branches recouvertes de feuillage épais. Plus les feuilles sont larges, plus le tronc est épais, plus l'arbre est généreux. Préférez un arbre s'élevant à un endroit stratégique, où il peut apercevoir beaucoup de choses et où il est toujours entouré de nombreuses personnes. Un tel arbre est doté d'une grande sagesse.

Méditer avec les arbres

Si vous méditez régulièrement, il vous sera facile de vous lier à l'énergie chi d'un arbre. Tenez-vous devant lui quelques minutes, lui laissant le temps de se rendre compte de votre présence et de vous connaître. Avant, asseyez-vous éventuellement sous l'arbre pour un pique-nique. Après un moment, vous ressentirez l'affinité établie entre vous. Lorsque de bonnes vibrations existent entre vous et l'arbre, la chose la plus naturelle du monde est de placer vos paumes à plat contre le tronc. Certains percevront immédiatement un jaillissement d'énergie, d'autres auront besoin d'un peu de temps. Fermez les yeux et accordez-vous à la sagesse infinie de l'arbre.

L'énergie des arbres est très vigoureuse. Ils ont leur propre vie et sont capables de procréer. En chinois, le chi des arbres est le *sheng chi*, le chi de croissance. L'essence de l'énergie des arbres est toujours une énergie de croissance, car le bois est le seul des cinq éléments qui pousse. Parmi les cinq types de chi – symbolisés par les cinq éléments – les arbres contiennent l'énergie bois. Comme elle produit l'énergie feu, cette énergie bois est excellente pour les personnes feu ou celles qui ont besoin de la chaleur de l'élément feu.

Énergie de l'arbre pour la célébrité

Si vous voulez être reconnu dans votre travail, aux examens ou lors d'un projet ou y réussir, et si vous êtes frustré ou démoralisé, faites une promenade dans un parc ou dans une forêt, près de l'énergie bois des vieux arbres puissants.

Canalisez l'énergie terre depuis les racines des grands arbres 159

Si vous avez besoin de l'énergie ancrante de la terre, ces vieux arbres peuvent probablement vous aider. Pensez aux racines de ces grands arbres pénétrant aux tréfonds du sol, envoyant des milliers de petites radicelles dans toutes les directions. Visualisez le chi terre canalisé depuis le sol à travers ce considérable réseau.

Souvenez-vous que les sols n'ont pas tous la même histoire ou provenance, et que les pays ne se ressemblent pas. Comme je viens de Malaisie, pays en développement pendant de longues années, j'attendais avec impatience de m'accorder au chi de « richesse » des parcs des villes prospères comme Londres et New York, et des États comme la Californie.

J'ai toujours pris plaisir à canaliser l'énergie terre des arbres rencontrés dans les forêts de séquoia de la Californie du Nord et les forêts de pins du Colorado, où j'ai passé plusieurs saisons sur les pistes de ski. Cela ne prend d'ordinaire que quelques minutes. À chaque fois que je serre dans mes bras un arbre et que je visualise le chi terre remplir mon corps, j'ai l'impression de recevoir une charge de force et de courage. Choisissez un arbre sain, de préférence le plus grand du parc, et serrez-le dans vos bras.

Chi terre pour du courage

Le chi terre est très ancrant. En l'absorbant, on a l'impression de recevoir un coup de fouet énergétique, exempt cependant d'effets secondaires. Voilà la valeur inestimable de beaucoup de secrets anciens des pratiques taoïstes – ils n'exigent aucun support, seulement votre corps et votre savoir. La possession de la connaissance est très précieuse, car une fois que vous savez comment emprunter un peu de force, de vitalité et de courage à la nature, vous deviendrez capable de puiser dans une vaste réserve de chi de santé et de richesse. N'oubliez jamais que pour absorber une nouvelle énergie, votre mental doit être libre. Rendez ce que vous avez emprunté, car ainsi le chi circulera.

Les racines des arbres canalisent l'énergie terre.

160 Purification spirituelle grâce au mantra de purification

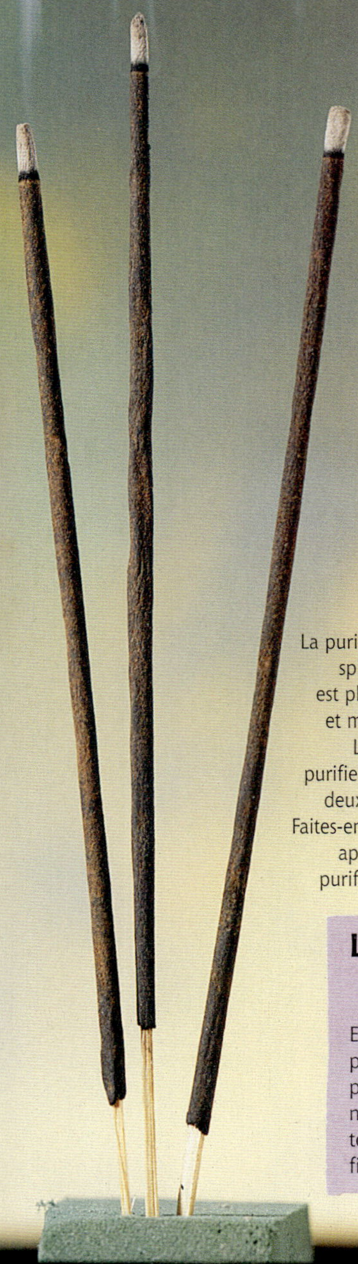

La purification spirituelle est physique et mentale. L'encens purifie sur ces deux plans. Faites-en brûler après une purification.

Voici un mantra très spécial qui m'a été enseigné par mon gourou, l'un des plus importants hauts lamas, dont l'humilité est légendaire : Zopa Rinpoché, qui porte le titre de Kyabje (Seigneur du Refuge). Je m'adresse à lui par son titre honorifique, Rinpoché, « Valeureux » en tibétain. Ce titre est aussi décerné aux lamas réincarnés officiellement reconnus par le bouddhisme tibétain. C'est un terme de respect, mais aussi d'affection, utilisé par les disciples lorsqu'ils s'adressent à leurs maîtres révérés.

Au cours de mon travail avec le Feng shui, j'ai eu la chance de rencontrer Rinpoché. Durant ces cinq dernières années, il m'a grandement encouragée à continuer mon travail, ce qui m'a été bénéfique. Je continue. Rinpoché m'a conseillé avec insistance à me servir du Feng shui pour faire autant de bien que possible, afin d'alléger le fardeau des gens. Il m'a recommandé de générer toujours une motivation juste, autrement dit de la compassion pour tous les êtres qui souffrent. C'est dans cet esprit et contexte que je suis ravie de pouvoir vous faire connaître ce mantra de purification très simple. Il ne comprend que deux mots. En balayant, en nettoyant, en passant l'aspirateur, en faisant les poussières, répétez silencieusement ce mantra de purification.

Engager ainsi votre mental en nettoyant votre demeure ajoutera une dimension spirituelle à l'acte réel du ménage. Celle-ci transformera une banale corvée domestique en *dharma* (mot sanscrit utilisé par les Hindous et les Tibétains, dont le sens est vertu, comportement moral, travail dans la vérité). À mesure que vous nettoyez et psalmodiez, vous visualisez l'élimination de toutes les choses négatives éventuellement présentes. La purification spirituelle balaye non seulement la saleté matérielle, mais aussi tous les impondérables du karma négatif que tout le monde véhicule et génère sans cesse.

Après avoir accompli ce geste simple tous les jours pendant une année, notez à quel point votre pratique spirituelle s'est avérée puissante. Votre maison sera purifiée de toutes les pensées et attitudes négatives et se remplira de vitalité spirituelle. Imaginez combien le courant de la vie peut devenir doux quand tous les blocages sont éliminés.

Le mantra de purification

Durupang, Timapang

En nettoyant ou en balayant, répétez ce mantra en pensant : « Ceci élimine toutes les souillures, les pensées négatives et les obstacles de notre vie, qui nous empêchent de percevoir la vraie nature de toutes les choses. Ceci dissipe aussi toute colère, fixation et ignorance de notre mental. »

Créez un autel chez vous pour ouvrir des chemins dans la spiritualité 161

Votre religion n'a pas d'importance, mais si vous voulez ouvrir des chemins pour développer votre prise de conscience des choses spirituelles, pensez à placer un petit autel chez vous. Les autels sont des expressions des aspirations spirituelles. Les meilleurs sont ceux consacrés à la présence divine avec laquelle on se sent le plus à l'aise. Pour moi, Dieu personnifie le bien suprême.

J'ai plusieurs autels dans ma maison, qui créent un merveilleux courant spirituel d'énergie, très beau par ailleurs. Quand l'infortune pénètre dans la maison, elle se dissipe très rapidement. La colère disparaît en un rien de temps. Quand les résidants de la maison ont peur, sont insatisfaits ou frustrés, quelque chose se produit toujours pour les éloigner de leurs émotions négatives.

Mes autels sont assez sophistiqués, avec quantité des cinq offrandes habituelles : fleurs, eau, nourriture, encens et lumières. On m'a enseigné à les remplacer quotidiennement afin d'invoquer la présence spirituelle des forces cosmiques qui bénissent ma maison et engendrent en tous les gens le désir de vivre une vie vertueuse, qui profitera à autrui. La vertu ne signifie pas ici être hypocrite, mais plutôt observer les principes essentiels : ne pas faire de mal aux autres et ne rien faire excessivement.

Installez votre autel en fonction de ce qui marche pour vous. On m'a souvent demandé s'il fallait consacrer les autels. C'est préférable, mais le choix vous appartient. En invitant la présence divine chez vous, vous créez une énergie spirituelle qui ne peut vous faire que du bien.

Les autels n'ont pas à être traditionnels ; exposer des objets que vous aimez suffit à les rendre efficaces.

162 Un obélisque en cristal chargé en énergie grâce aux mantras

Une merveilleuse pratique enseignée par les moines et les nonnes des monastères que j'ai visités, est la purification spirituelle intense de l'espace. Cette purification a lieu lorsqu'on installe des mantras sacrés dans la maison. Cette pratique n'est en aucune façon l'apanage des bouddhistes.

Tous les croyants semblent aimer exposer chez eux des prières et des maximes religieuses. J'ai visité des maisons chrétiennes où j'ai senti une merveilleuse énergie spirituelle rayonnant des écritures saintes et des paroles du Christ encadrées sur les murs. J'ai visité aussi des maisons musulmanes qui m'ont semblé incroyablement paisibles, et où j'ai remarqué des extraits du Coran accrochés au-dessus des portes et dans les pièces. L'impact de ces maximes spirituelles est accru quand on les combine avec le Feng shui.

Mantras et cristaux

Si vous voulez accroître l'énergie des mantras et des textes sacrés, gravez-les sur des cristaux naturels. L'obélisque est l'une des formes les plus chargées en spiritualité. Y graver un mantra et exposer ce cristal dans le séjour, éclairé par une lumière vive, modifie instantanément l'énergie de la pièce. Je conseille l'obélisque en raison de son pouvoir amplifiant particulier. Cette forme est extrêmement énergisante. Tout symbole émet des vibrations qui, lors de leur transmission, chargent les pièces de leurs propriétés spéciales. Si vous avez des doutes sur son pouvoir, pensez aux obélisques de Washington, de Londres, de Paris.

Le mantra *Om Mani Padme Hum* (ci-dessous) et, au-dessus à droite, un mantra sacré gravé en lettres d'or sur un cristal.

Vous pouvez aussi utiliser un cristal à une seule pointe ou une boule de cristal. L'obélisque est le plus rapide. Gravez les mots *Om Ah Hum* sur votre cristal. Leur présence dans la maison signifie que toutes les choses et les objets qui s'y trouvent jouissent d'une essence spirituelle parfaite. Ou faites appel au mantra *Om Mani Padme Hum* – « Salut, ô joyau dans le lotus » – le mantra du Bouddha de Compassion. Écrivez-le avec une encre dorée.

Un rituel spécial du feu pour purifier l'essence spirituelle de la maison 163

Ce rituel spécial du feu est un geste extrêmement symbolique, que vous pouvez faire à la fin de chaque année pour la purification spirituelle de votre maison. Choisissez un coin tranquille de votre jardin, où vous pouvez allumer un petit feu. Il vous faut une chaise pour vous asseoir lorsque vous effectuez le rituel, un peu de charbon, des morceaux de bois sec, de l'huile et des objets symboliques représentant des choses dont vous voulez vous débarrasser.

Dans les visualisations, les scorpions, les serpents et les crapauds représentent des négativités qui quittent le corps à mesure que le mental est purifié.

Le rituel de purification par le feu

Pensez à toutes les choses négatives de votre vie dont vous voulez vous débarrasser, à toutes les rancœurs que vous entretenez, à tout le chagrin enfoui en vous. Le rituel du feu consume ce qui vous rend malheureux. Notez sur un papier tout ce qui vous irrite, frustre et gêne – tout ce qui s'est passé durant l'année dont vous voulez vous libérer, ce qui est allé mal, les expériences que vous ne voulez pas répéter. Le feu brûlera vos problèmes et votre chagrin.

Achetez quelques graines de moutarde noire et de sésame noir, qui représenteront les mauvaises choses que vous avez faites, les paroles coléreuses que vous avez dites, les commérages que vous avez transmis et qui ont porté tort aux gens. Ces graines vous permettront de vous purifier de vos actions malfaisantes de l'année. Mettez-les de côté pour être brûlées.

En dernier, dessinez sur une feuille de papier un petit scorpion noir, un petit serpent noir et un petit crapaud noir. Ils représenteront les bavardages inutiles, les commérages, les intentions nuisibles à votre égard. Découpez les dessins et mettez-les de côté pour que le feu les dévore.

Creusez un trou dans le coin du jardin choisi pour le feu. Le meilleur moment pour ce feu *puja* est le soir, de 17 à 19 h. Tracez le symbole de l'infini sur une feuille de papier, que vous placez à plat dans le trou. Mettez dessus quelques morceaux de charbon, puis du bois sec. Allumez le feu, qui doit brûler fortement. Quand il a bien pris, asseyez-vous devant lui et contemplez toutes les choses que vous allez brûler. Placez-y d'abord vos dessins du scorpion, du serpent et du crapaud ; lorsqu'ils brûlent, imaginez que l'ensemble des profanations et des blessures suscitées par les commérages des tiers, qui vous ont créé des difficultés, se dissipe, est balayé et purifié.

Jetez ensuite dans le feu le papier où vous avez noté les personnes, les événements et les actions qui vous ont offensé, perturbé et dérangé. En regardant le feu consumer le papier, laissez aller toutes les émotions et sensations négatives et imaginez que vous en êtes totalement libéré. Si vous avez peur, pensez que le feu dévore aussi toutes vos craintes. Ce rituel vous permet d'être aussi égocentrique que vous le désirez. Ne laissez pas le feu s'éteindre avant d'avoir achevé le rituel. Si nécessaire, ajoutez du combustible.

Prenez maintenant les graines de sésame noir et de moutarde noire, qui représentent toutes vos pensées mauvaises, actions nuisibles et intentions malfaisantes. Lorsque les graines brûlent, imaginez que ces aspects négatifs de votre personnalité et de la personnalité de ceux qui vous entourent sont balayés, dissipés, purifiés. C'est la partie la plus importante du rituel, car votre environnement doit être totalement exempt de pensées et d'actions négatives – les vôtres et celles des autres –, qu'elles soient intentionnelles ou non. En jetant les graines dans le feu, regrettez le mal et le chagrin causé à qui que ce soit. Assurez-vous de brûler toutes les graines apportées.

Quand vous avez fini, laissez le feu s'éteindre de lui-même, puis remplissez le trou de terre. Imaginez que le feu a brûlé toutes les choses négatives. Ce rituel vous fera vous sentir purifié, de même que votre environnement.

164 Invoquez les quatre gardiens protecteurs de votre maison

Les Chinois aiment placer dans leur maison quatre gardiens symboliques. Ce sont les quatre Rois célestes des légendes chinoises, et les quatre Protecteurs du Dharma des récits bouddhiques tibétains. Ces gardiens absorbent les tentations présentées par les esprits, venant des quatre directions cardinales. Les avoir dans la maison éloigne les dommages causés par les esprits et les entités originaires d'autres dimensions, qui suscitent chez les résidants maladies, accidents et blessures.

Comment aident les quatre protecteurs

Les quatre gardiens célestes nous protègent du mal que nous risquons de nous infliger nous-mêmes, d'ordinaire suite à des actions non vertueuses (tuer, voler, agir de façon malhonnête). On les appelle des protecteurs du *dharma*, car ils nous défendent contre nos propres aspects négatifs. Chacun des quatre gardiens porte un outil symbolique de ses activités et s'occupe d'une direction différente.

Le gardien de l'est : Mo Li Ching porte une épée magique sur la lame de laquelle sont gravés les mots « terre, eau, feu, vent ». L'épée est en métal, pour vaincre le chi bois venant de l'est. On doit le placer face à l'est.

Le gardien de l'ouest : Mo Li Hai porte une mandoline à quatre cordes. Lorsqu'il en joue, de grandes boules de feu tombent du ciel, détruisant l'énergie métal de l'ouest. Il faut le placer face à l'ouest.

Le gardien du sud : Mo Li Hung porte une ombrelle magique. Quand il l'ouvre, il génère une obscurité totale, qui déroute l'énergie feu du sud. Il peut aussi déchaîner les raz-de-marée et les tremblements de terre qui détruisent toutes les forces négatives. Il doit être placé face au sud.

Le gardien du nord : Mo Li Shou porte une perle dans une main et un serpent dans l'autre. Il est parfois assis sur un éléphant. Il doit être placé face au nord pour vaincre l'énergie mauvaise venant de là.

À partir de gauche : Mo Li Ching, gardien de l'est, Mo Li Shou, gardien du nord, Mo Li Hung, gardien du sud et Mo Li Hai, gardien de l'ouest.

Exposez les huit trésors précieux dans votre maison 165

Les huit trésors précieux symbolisent la prospérité, la richesse et l'abondance, manifestées de huit façons différentes. La présence de l'ensemble des huit trésors précieux créé une ambiance très spirituelle lorsque vous en faites mentalement l'offrande et dédiez la chance qu'ils apportent au bien suprême.

Ces trésors précieux occupent une place notable dans les offrandes de mandalas que les bouddhistes créent dans leur mental au cours de leur pratique de méditation quotidienne. Ce sont des symboles très puissants et importants, dont la présence dans la maison favorise la création d'une atmosphère spirituelle paisible.

Ces trésors précieux sont :

1 Le vase précieux, qui signifie paix et sérénité dans la maison. C'est aussi le vase de richesse, qui représente symboliquement à la fortune et aux biens d'une famille. Lorsque vous protégez le vase et en prenez soin, vous sauvegardez vos biens et les regardez se multiplier.

2 La roue précieuse, qui signifie l'aboutissement à la connaissance et l'obtention des honneurs les plus élevés de l'érudition.

3 Le joyau précieux, qui représente la richesse sous ses plus belles formes, les trésors de la terre : or, diamants, pierres précieuses.

4 La reine précieuse, qui signifie la puissante force matriarcale gardant la famille unie, forte et résistante.

5 Le général précieux, signifiant la sécurité et la protection pour la maison et ses résidants.

6 Le ministre précieux, qui prend soin de toutes les questions administratives et assure que la vie se déroule sans heurts.

7 Le cheval précieux, qui apporte reconnaissance et célébrité à la maisonnée et assure la propagation de votre réputation.

8 L'éléphant précieux, qui apporte une abondance d'héritiers mâles – véritable personnification de la chance de descendants.

166 Amplifiez l'énergie sacrée avec des objets sacrés

Si vous achetez des œuvres d'art sacrés, essayez d'apprendre leur histoire et la façon dont on doit les exposer.

Si vous désirez que votre espace de vie soit sacré, votre but sera atteint rapidement et efficacement en plaçant là des objets religieux. Ces objets sont des symboles puissants qui communiquent avec nous sur des plans supérieurs de conscience. Il peut s'agir de peintures et d'images sacrées de statues des déités, d'œuvres d'art qui seront exposés à la place d'honneur, et même consacrés.

Quand vous placez chez vous des objets appartenant à n'importe quelle religion, vous générez une énergie immatérielle. Leur présence amplifie le chi spirituel. Beaucoup de Chinois gardent chez eux l'image de Kuan Yin – la Déesse de la Compassion, l'objet sacré suprême, dont la simple présence imprègne la maison de faveurs.

Traiter les objets sacrés avec respect

L'énergie spirituelle est difficile à expliquer. On doit l'apercevoir et en faire l'expérience. Faites preuve de discernement en exposant chez vous des objets sacrés. Précisément en raison de leur caractère sacré, il vaut mieux exposer uniquement les objets qui ont une signification pour vous. Ne choisissez pas des images bizarres qui vous sont totalement inconnues – vous devez savoir qui sont les dieux et les divinités montrés dans votre maison. S'ils viennent d'un pays qui vous est peu familier, demandez comment on doit les exposer et s'il y a des interdits associés à leur présentation.

Je tressaille toujours en voyant chez les gens des têtes de Bouddha. Bien que je sois certaine qu'il ne s'agit pas là d'un manque de respect, je suis triste parce que ces antiques objets sacrés sont peut-être les fruits du pillage des lieux sacrés et des temples. J'ai vu des statuettes de Kuan Yin en forme de pieds de lampe et de pieds de table ; j'ai un mouvement de recul devant ce qui, pour des milliards de gens, sont des images de piété. En règle générale, il faut traiter tous les objets sacrés avec le plus grand respect. Si vous les faites entrer dans votre maison, placez au moins une offrande devant eux, même si ce n'est qu'une lampe éclairant leur beauté. Ainsi, vous ne penserez à eux comme à des décorations, mais comme un ajout au chi spirituel de la maison.

Des amis spirituels venant d'autres plans 167

Nous avons tous des amis spirituels et des compagnons astraux venant d'autres dimensions. En purifiant notre espace et en faisant entrer le chi spirituel, nous ouvrons aussi les portes vers d'autres dimensions de l'existence.

Ceux qui ont eu la chance de jeter un coup d'œil sur ce monde invisible savent que cette conscience peut être développée, élargie, accélérée. Actuellement, beaucoup de gens parlent de ce sont ils ont fait expérience sur d'autres plans de l'existence. Je suis convaincue que nous avons beaucoup d'amis dans des autres dimensions – bien plus que nous ne nous en rendions compte !

Coïncidences et messages

Pour avoir un meilleur aperçu de ces mondes, il faut s'accorder consciemment aux intuitions et aux coïncidences, pour être sensible aux messages des plans cosmiques. Par exemple, si vous apercevez sans cesse une certaine plante ou un certain animal, vous pouvez tenir ce fait pour un message traversant les plans cosmiques. Les messages sont véhiculés par des livres que vous lisez (même celui-ci), les images qui apparaissent lorsque vous allumez la télé, la première chose que vous voyez sur la route quand vous allez au travail, l'objet d'une conversation téléphonique, dans le bus, au travail. Vous devez faire attention aux thèmes récurrents. Réunissez ces coïncidences et voyez quel est leur message.

Trouvez des amis spirituels

Beaucoup de gens ont des affinités avec certains animaux, fleurs, oiseaux ou poissons. Ce sont peut-être vos amis d'une autre dimension. La prochaine fois que vous visitez une exposition, notez si quelque chose attire votre attention. Les images qui vous touchent signifient toujours quelque chose.

Quand j'ai vu pour la première fois un thangka tibétain resplendissant de couleurs, j'ai été littéralement extasiée ; je ne pouvais pas détourner le regard de ses images fabuleuses. Plus tard, lorsque j'ai visité le Népal, j'ai passé deux jours dans une boutique à choisir des *thangka*. Ma maison est maintenant ornée de quantité de beaux *thangka* de différents bouddhas. J'aime considérer ces bouddhas comme des amis, venant à moi à travers le temps et l'espace, pour poursuivre leur enseignement au cours de ma vie actuelle. Quoi qu'ils soient ou puissent être, j'ai suivi mes instincts et ma conscience spirituelle a fait un bond quantique.

168 Canalisez la lumière universelle dans la maison

Je me suis rendu compte que nous puisons tous de la force, du courage, de l'espoir et du savoir dans la source de lumière universelle. En laissant de côté les mots utilisés et les intentions et en se concentrant sur les expériences concrètes, on a fait déjà la moitié du chemin vers cette source de lumière universelle.

Si vous créez dans votre mental une image visuelle de cette source de lumière universelle ainsi qu'un canal à travers lequel elle pénètre dans votre maison, l'essence spirituelle de cette énergie vous remplira d'une extase mystérieuse. Cette lumière dissoudra tout ce qui est sale, malodorant et nauséabond, laissant subsister seulement ce qui est beau, nourrissant et tendre. Ce processus, qui commence comme par l'élimination du bric-à-brac physique et mental conduira aux plans spirituels et à la véritable purification de l'espace et de l'esprit.

Quand vous écartez les obstacles qui vous empêchent d'avancer, les portes s'ouvrent vers les domaines magiques où tout est possible et où les expériences ont toujours une fin heureuse. Aboutir à cette étape de réalisation exige de l'effort, une libération et un bond quantique dans ce qui est infini. Commencez par votre espace de vie, puis passez au mental. N'oubliez pas que les expériences diffèrent de personne à personne, et d'un moment sur l'autre, mais nous sommes meilleurs, car nous avons atteint un nouveau niveau de conscience, plus profond.

Un espace rangé, débarrassé de fouillis, nourrit le mental, le corps et l'esprit, créant une ambiance particulière dans la maison.

Index

Crédits photo

Page	
1, 24	Ray Man/Mainstream
6, 34	Ray Man/Mainstream
10	PhotoDisc Inc. (bas)
11	Simon Brown/Cico Books
12	PhotoDisc Inc.
13	Simon Brown/Cico Books
14	Andrew Wood/ The Interior Archive
17, 18	Image 100 Ltd
19	PhotoDisc Inc.
20	Lucinda Symons
21	Ray Man/Mainstream
25	PhotoDisc Inc.
26	Fritz von der Schulenburg/ The Interior Archive (Désigner Alan Kasha)
28	Simon Brown/Cico Books
29	The Holding Company (haut) PhotoDisc Inc. (bas)
30	Mark Luscombe-Whyte/ The Interior Archive (Désigner Christian de Falbe) (haut)
31	© Brian Harrison/Kudos Elisabeth Whiting
32	© Michael Boys/CORBIS
33	© Macduff Everton/ CORBIS
35	Jan Baldwin
36	Fritz von der Schulenburg/ The Interior Archive (Architecte Jean Oh)
37	The Holding Company
38	Ray Man/Mainstream
39	Ray Man/Mainstream
40	Fritz von der Schulenburg/ The Interior Archive (Architecte Jean Oh) (bas)
41	Ray Man/Mainstream/ Désigner Philippe Starck
43	Fritz von der Schulenburg/ The Interior Archive (Architecte Stefan Antoni)
46	Ray Man/Mainstream/ Maisonette
48	PhotoDisc Inc.
50	Ray Man/Mainstream
51	Ray Man/Mainstream
52	PhotoDisc Inc.
53	The Holding Company
55	Fritz von der Schulenburg/ The Interior Archive (Architecte Jean Oh)
56	Fritz von der Schulenburg/ The Interior Archive (Architecte Stefan Antoni) (haut) Simon Brown (bas)
57	Ray Man/Mainstream/ Candy & Candy
58	Ray Man/Mainstream
59	Mark Luscombe-Whyte/ The Interior Archive (Désigner Katie Bassford-King)
60	PhotoDisc Inc.
61	PhotoDisc Inc.
62	Andrew Wood/ The Interior Archive (Propr. Mandy Coackley)
64	Ray Man/Mainstream
65	Mark Luscombe-Whyte/ The Interior Archive (Désigner Henri Becq)
67	© Rosa and Rosa/CORBIS
72	PhotoDisc Inc.
73,74	Simon Brown/Cico Books
77	Lucinda Symons et Brian Hatton
78	Ray Man/Mainstream
80	PhotoDisc Inc.
83	Ray Man/Mainstream
87	Fritz von der Schulenburg/ The Interior Archive (Désigner Catherine Painvin)
88,89	Ray Man/Mainstream
92,94,95	PhotoDisc Inc.
96	Simon Brown/Cico Books
97	Ray Man/Mainstream
98	Ray Man/Mainstream
99	Lucinda Symons et Brian Hatton
102	PhotoDisc Inc.
107,108	PhotoDisc Inc.
114	Fritz von der Schulenburg/ The Interior Archive (Désigner Jed Johnson)
115, 116	
117	PhotoDisc Inc.
118	Andrew Wood/ The Interior Archive
119,120	PhotoDisc Inc.
121	PhotoDisc Inc. (haut)
125	PhotoDisc Inc.
126	Simon Brown/Cico Books
127	Ray Man/Mainstream
128	The Holding Company
131	Fritz von der Schulenburg/ The Interior Archive (Architecte Jean Oh)
136	© John & Dallas Heaton/ CORBIS
139	PhotoDisc Inc.
141,142	Ray Man/Mainstream
143	Ray Man/Mainstream
145	Image 100 Ltd (fond)
146, 148	
149	PhotoDisc Inc.
151	Ray Man/Mainstream
153	PhotoDisc Inc. (fond)
156,157	Ray Man/Mainstream
158	Andrew Wood/ The Interior Archive (Propr. Jo Malone)

Geoff Dann
3 (haut), 4 (haut), 5, 8, 14 (bas), 22, 30 (bas), 45, 47, 63, 68, 70, 75, 82, 90, 91, 94 (bas), 100 (bas), 101, 104, 105, 106, 110, 121 (bas), 124 (modèle Juliet Pegrum), 129, 130 (haut) 133, 140, 145 (Inset), 150

Lillian Too
3 (bas), 4 (bas), 44, 54, 66, 71, 80, 84, 85, 86, 110, 132, 155, 134, 135, 143, 144, 147, 152.

Illustration

Tim Richards
19

Kate Simunek
16, 21, 23, 26, 27, 49, 54, 66, 69, 70, 76, 78, 84, 85, 92, 95, 103, 128, 131, 146

Anthony Duke
7, 12, 15, 109, 111, 135, 137 (haut), 142

Joan Corlass
152

Emily Fancini
33